和家长谈美育

冉乃彦 吕艳芝 著

山西出版传媒集团 山西教育出版社

图书在版编目（CIP）数据

和家长谈美育 / 冉乃彦著. — 太原 ：山西教育出版社，2019.1
ISBN 978-7-5703-0318-2

Ⅰ. ①和… Ⅱ. ①冉… Ⅲ. ①美育—家庭教育 Ⅳ. ①G40-014

中国版本图书馆 CIP 数据核字（2019）第 001664 号

和家长谈美育
HE JIAZHANG TAN MEIYU

责任编辑 康 健
复　　审 李梦燕
终　　审 彭琼梅
装帧设计 陈 晓
印装监制 蔡 洁

出　　版 山西出版传媒集团·山西教育出版社
（太原市水西门街馒头巷 7 号　电话：0351-4729801　邮编：030002）
印　　装 山西新华印业有限公司
开　　本 720 mm×1020 mm　1/16
印　　张 13
字　　数 210 千字
版　　次 2019 年 3 月第 1 版　2019 年 3 月山西第 1 次印刷
书　　号 ISBN 978-7-5703-0318-2
定　　价 42.00 元

序 言

孙云晓

与冉乃彦老师相识几十年了，印象最深的是，他是一位热情而执着的学者，在自我教育和美育方面颇有成就，而这两个方面都是家庭教育研究的短板。为此，我曾经建议中国教育学会家庭教育专业委员会，专门举行自我教育研讨会，因为这是家庭教育领域特别需要的课题。

不久前，冉乃彦老师请我为其《和家长谈美育》一书作序，却让我倍感压力，因为美育虽然极为重要，我却研究甚少，水平、修养远不及作者，岂敢妄言？但是，面对年过八旬的冉乃彦老师的诚恳相邀，我辈又岂能妄自菲薄、逡巡不前?虽力有不逮，也必要倾力而为，借此以窥美育门径，于自身学养亦会裨益良多，况且，研究美育对于提升家庭教育的指导水平亦有极高的实用价值。

读过几遍《和家长谈美育》之后，最触动我心灵的问题是：美从来没有远去，而是静悄悄地待在我们身边，一旦被美唤醒，生活充满诗情画意，我们则重返青春、活力无限。美如果走进家庭，家庭便生机勃勃，家庭关系和谐顺畅，孩子就是天使的模样。

作者告诉我们，从古代，哲学家柏拉图就强调“美具有引人向善的作用和力量”，到当代，联合国科教文组织的报告《学会生存》中又指出：“我们个性中的一个根本而必要的部分是对美的兴趣，是领悟美并把美吸收到性格中去的能力。”这些，都可以看到人类历来十分重视按照美的规律推动社会发展，塑造自己的人生。为什么美能够开启心灵？哲学家黑格尔有句名言：“审美带有令人解放的性质。”因为美是最自由的，在美的世界里，没有那么多条条框框，更没有禁忌和枷锁。苏联著名教育家苏霍姆林斯基明确指出：“美是自我教育的最重要的手段。”

柏拉图、黑格尔和苏霍姆林斯基三位大学者的名言震撼了我，因为我的成长经历恰好可以证明这三句名言是真理，是美解放了我，是美教育了我，是美发展了我。

今天的我是一位作家和研究者，出版了很多文学和教育方面的书，但是就连我的老父亲都难以相信，我们家会出我这么一个文化人。老父亲89岁去世，他生前看我在中央电视台讲演，感慨道：“我原来以为咱们家的坟头上不长文化的苗。”老父亲14岁从山东农村到青岛去打工，历经千辛万苦，后来就在青岛留下来生活了，做了一辈子工人。在他的观念里，我们家的孩子就是靠干活挣钱吃饭，不可能做文化教育的事。所以，精神与生活同样贫困，家里几乎没有什么课外书。

在我11岁那年，遭遇了“文化大革命”。当时，我15岁的哥哥在青岛一家工厂技校学习。那时候有个口号叫“扫除一切大毒草”，工厂把图书馆的文学名著扔了一地 ，准备毁掉。我哥哥一看，这些书怎么就不要了？他见无人看管，就装了一书包拿回家，然后没白没黑地看。我们小哥俩住一个小房间，大概只有几平方米，他总是手不释卷，对我造成强烈的暗示：什么好东西？你怎么老看？ 你看我也看，这一看就迷上了。我看的是什么书？都是那个年代的文学名著，如《三国演义》《 水浒传》《红岩》《青春之歌》《苦菜花》《林海雪原》《风雷》《烈火金刚》等。绝对是第一次感受到文学之美，我看得如醉如痴，感到文学太迷人了，作家太伟大了！将来，我要看更多的书，希望我也能写书，我也要成为作家！

就在“文化大革命”那个最疯狂的冬天，我爱上了文学之美，养成了读书的习惯，并且有了成为作家的梦想，这成为我一生的转折点。大家不难看出，我的人生巨变就是美解放了我，就像精神的雷电击中了我，使我在漆黑的夜里看到了奇异的彩虹，看到了另一个世界的绚丽多彩！

如今，我已过花甲耳顺之年，回首往事，最惊奇的莫过于美的力量，美不仅能够解放人，而且能够创造人，如瞬间爆发核裂变一样，创造出一个全新的理想人生！11岁的小小少年，怀揣着文学梦，即使在漫无边际的文化沙漠也没有一刻停止艰难的跋涉，跟随着美的引力前行。从少年到青年，从中年到老年，半个多世纪有过多少压迫和诱惑？因为有了美的追求，人生就有了定海神针。

基于上述原因，我读《和家长谈美育》很入心，有时甚至拍案叫绝，有强烈的共鸣感。我从1994年担任中国青少年研究中心《少年儿童研究》杂志主编开始，一直致力于家庭教育方面的研究和推广。我常常反思一个问题：许多父母教育孩子之所以劳而无功，结果是皇帝不急太监急，原因之一就是没有让孩子心中的发动机转起来，而那个发动机就是美的发现与震撼。

如何做到这一点？作者在书中给出了点睛之笔：

美育能够引人达到最高境界，但是，真正达到最高境界并不容易，这里最根本的原因是，美是一种进入灵魂的教育，困难在于如何进入内心世界？

进入内心世界，至少需要具备两个条件：一是发现自我，能够通过内心的建构，不断进行自我教育，成为有主体性意识的公民，这是基础条件；二是在成长的过程中，尤其是情感敏感期，能够不失时机地开展审美、立美教育，让孩子发现美、理解美，进而追求美好的人生。而这两个条件，最初都是在家庭中形成的。因此，美育真正的奠基工程是在每一个家庭，目前，能够自觉而且正确地开展美育的家庭并不多。

世上哪个做父母和教师的不希望孩子爱美？可能是苦于不知道该如何去提高孩子的审美水平。感谢《和家长谈美育》一书的两位作者，向我们提供了大量行之有效的操作方法，从衣食住行到琴棋书画，可以说是无所不包、应有尽有。

我特别赞赏的美育方法是生活教育。就像无处不在的空气，生活教育是离孩子最近的教育，也是父母最擅长的教育。所以，在筹办2018年第二届新家庭教育文化节时，我们接受康丽颖教授的建议，将主题确定为：回归美好生活的家庭教育。问题在于，并非所有的生活都是美好的，许多生活甚至是丑陋的，生活需要美的选择与检验，生活教育的过程就是审美的过程。我与洪明博士讨论什么是美好生活？赞同他的观点：美好生活首先是每个人的生活，有益于他人而不妨碍别人的生活才是美好生活，教育的使命在于反思生活、引领生活和构建生活。

举一个身边的例子，有一对年轻夫妇经常带着两个孩子旅行，与众不同的是，在父母的影响下，两个读小学的孩子如今养成了一个习惯，就是每到一个城市，总是先参观博物馆，这样可以尽快拿到打开城市秘密的钥匙。我惊叹这对年轻父母的教育智慧，因为他们引导孩子发现了美的精髓，由此入手，可以更加全面而充分地感受一座城市的美。

冉乃彦与吕艳芝（夫妻）两位老师合著的《和家长谈美育》，可能是中国第一本从美育角度研讨家庭教育的专著，这无疑是一部创新之作。该书既论述了美育的重要性，探讨了美育与其他教育的密切关系，又以许多研究成果和典型案例深入分析美育之得失，更注重总结推广在日常生活里如何实施美育的经验与方法，可以说是一部家庭美育的小百科全书。所以，我愿意作序推荐。

于北京云根斋

（序言作者孙云晓系中国青少年研究中心家庭教育首席专家、研究员，中国作家协会全国委员会委员和儿童文学委员会委员，首都师范大学特聘教授）

目　录

一、美育让孩子获得一生的幸福

人也按照美的规律来塑造。

——马克思

中国是十分重视教育的国家，又是具有深厚美育传统的国家。爱美之心人皆有之，爱美之家，随处可见。“美育”不仅经常出现在党中央、国务院的重要文件中，实施美育成为国家意志。……这在全世界都比较罕见。[①]“美育”也成为追求美好生活的每个家庭，越来越重视的家庭建设内容。

最近，党的十九大报告中，已经把“美丽中国”作为强国目标之一。家庭是社会的细胞，因此，创建独具特色的中国美育，也是当代每一个家庭应该完成的光荣使命。

美育为什么重要？可以用一句话回答：美育能够使孩子获得一生的幸福。因为真正的幸福是达到自由而全面的发展，美育就具有让孩子获得自由而全面发展的功能，也就是一种真正获得幸福的功能。教育家苏霍姆林斯基甚至强调：“如果一个人不能对周围世界进行细致的情感、审美观察，他就不能当教师。”[②]家长也是教师——而且是人生的第一任教师，因此，美育应该是当今每一位家长必须学习的课程。

美育为什么具有这样重要的功能？主要的理由有两个：一是它可以引人达到最高境界；二是它可以助人夯实最深根基。

① 杜卫：《美育三议》，《文艺研究》2016年第11期。

② 〔苏〕苏霍姆林斯基：《育人三部曲》，人民教育出版社1998年出版，579页。

（一）美育引人达到最高境界

1.“雪化了以后有什么?”——克服真善的局限性，达到美的最高境界

“人类生活实践最终、最高的境界，都与美、审美有内在关联。”[①]人类精神上的最高追求是达到真、善、美，真、善、美相互影响，缺一不可，但是唯有美，没有功利性，能够在真、善的基础上，克服真与善的局限性，达到最高境界。

“真”侧重人掌握客观规律，“善”侧重掌握人的需要，人只有满足自己和社会的需要才能达到善。而“美”则侧重在前两者的前提下，超越真和善各自的片面性，比较自由地、自主地把握客体，从而充分地达到自我实现的境界。

下面是发生在教育活动中的两个典型案例，从中我们可以理解“美”如何引人达到最高境界：

老师问：“雪化了以后有什么?”一位小学生的回答是“迎来了春天”，老师生气地画了一个大大的“×”。老师是按照书本上所谓科学的“真”，为标准答案，认为只有回答“雪化了以后，留下了污泥”，才是正确答案，才能得到满分。其实，这位小学生的回答，恰恰超越了“真”的局限性，达到了美的境界。

奶奶不幸得了不治之症，孩子要去看望奶奶。这时候，孩子能够按照“诚实”的道德规范，告诉奶奶得了不治之症吗？当然不能。妈妈告诉孩子：“你要对奶奶说，‘您得的病一点都不厉害，调养几天就会好的’。”这是美丽的谎言，它超越了人际关系中善的局限性，从而达到了最高境界——美。

人生价值只有通过人生的实践活动才能实现，而人生的实践过程，就具体表现为不断地求真（认识）、求善（改造、占有）、求美（欣赏、立美）的过程。因此，真、善、美是人生价值的基本形态，而美是人生价值的最高形态。

从教育实践看，单纯的智育只能获得知识；单纯的德育只能解决伦理规范的执行，唯有美育才能克服它们的局限性，引导人走向内心的自觉。因此，可以

① 檀传宝：《美学是未来的教育学》，华东师范大学出版社2015年出版，65页。

说，没有美育的教育是半截子教育，这正是当前教育存在的误区。

它（人类历史解放之日）的实现，既意味着真正的艺术的来临，同时也意味着共产主义的来临。毋宁说，这两者原本就是一回事。[①]

美使人达到最高境界，然而美育的彻底实现，又是与人类的彻底解放——进入共产主义相联系。因此，要有思想准备：真正实现美育，任重而道远！

2. 没有美，就不可能走向高尚

世界上只有人类可以走向高尚，而高尚不能离开美。

美，超越动物的局限性，体现人的最高本质，即主体性。人不再像动物那样靠本能去面对世界。一头小牛，依靠本能，生下来很快就能够奔跑，不久就可以去吃嫩草，牛的一生没有更高的要求。而人类是用属人的尺度——即符合人的需要的各种尺度去改变客观世界。

正像苹果手机发明人乔布斯说的："人活着，是为了改变世界。"一个真正的人，一生要追求真、善、美——了解和掌握各种客观规律，让世界变得越来越美丽；要善待亲人、亲朋好友和自己；还要发挥自己的创造性、主体性，使自己有一个高尚、美好的人生。

"由于美是使人成为主体，彻底摆脱动物界的最后环节，是人的主体性得到全面实现的标志，因此，美是人生价值的最高追求或最高境界。实践不仅创造了对象世界的美、物的美，而且创造了人的美。"[②]

美还可以反过来影响真与善。一方面"以美启真"。美使人的思想获得自由，冲破陈规旧律。美能够反过来使人发现世界，发现真理。科学家海森堡认为"美是真理的光辉"；科学家彭加勒说："发明就是选择，选择不可避免地由科学上的美感所支配。"爱因斯坦感叹宇宙充满了和谐之美，他总是在和谐之美处寻找规律。自然科学史上，一些发现就是从美丽的分子结构开始的。

另一方面"以美储善"。中国传统文化常常是把美与善相提并论，既美又好的事物才是人们最赞颂的。一个人做了好事，不但自己内心美滋滋的，别人也称赞为美——最美家长、最美教师、最美少年，这时候美与好是融合在一起的。同

① 何中华：《"美"的诠释：从知识论到存在论》，《烟台大学学报（哲学社会科学版）》21卷第1期。
② 索雪瑞：《美：人生价值的最高形态》，《理论与现代化》2004年第2期。

时，一个孩子做了好事，在进行祝贺的时候，以美的仪式和光辉亮丽的环境相伴，则可以更加震撼心灵，持久不忘。有些地方为英雄模范戴红花、骑骏马，让美烘托着善，给人以深刻的印象，激发着善，就是这个道理。

3. 美育的突出特点是能够直达心灵

美之所以能够使心灵震撼，达到人的精神上的最高境界，一是因为在美的境界中，内心世界能够得到最真实、最彻底的展示。美是人们在真与善的前提下，比较自由地把握客体，从而充分地达到自我实现的境界。在美的境界中，人自由地发展、自主地发挥作用，具有主导地位。

当我们看到俄国画家列宾的名画《伏尔加河上的纤夫》（上图）时，心灵都会受到震撼—— 一群衣衫褴褛的农奴，在炽热的烈日下，像牲口一样，拖着沉重的船，艰难地向前挪动。这幅画是对农奴制愤怒的控诉。被奴役的纤夫被迫弯腰低头，但是从他们的眼神中，可以看出不屈与不满。尤其是一位少年，更不甘心忍受这样的苦楚。他与众不同的姿态，他紧闭的嘴唇、愤怒的眼睛，预示着人民总有一天会起来反抗……

试想，如果没有这幅画，我们仅仅从历史知识中知道农奴制，能够得到这么大的震撼吗？正是列宾发挥了主导作用，通过艺术形象传递了他对农奴制的憎恨，激起了人们对人类命运的思考。这就是美育的力量，一种直达心灵的强大力量。

二是因为在美的境界中，美不但有自由的内容，也有自由的形式。“美是内容和形式的统一。……美在二者统一的基础上更注重形式，强调内容要显现为生动的形象，美是欣赏的对象。美的内容是自由，美的形式是自由的形式。美的不同表现形态——美的自由形式的特殊展开，是由美的内容和形式的种种复杂联系决定的。”①

以画家罗中立的绘画《父亲》（下图）为例：

《父亲》画的是中国的一位普通、贫困、苦涩的老百姓，人物的形象是人们再熟悉不过的老一辈农民形象。老人枯黑、干瘦的脸上布满了像沟壑、车辙的皱纹，深陷的眼睛流露出凄楚、迷茫，又带着恳切的目光，像是在缅怀过去，又像是在期待未来，让我们感受到的是善良的目光。干裂、焦灼的嘴唇似乎已被风干许久，仅剩一颗门牙的嘴里，不知饱尝过多少酸、甜、苦、辣。犹如耙犁一般的带伤的大手，捧着一个破旧的粗瓷碗在喝水。从细小汗毛孔里渗出的汗珠不知已滑落多少，稀疏的胡须，还有那象征辛劳的皱纹，无不打上了他艰苦劳动、生活沧桑的烙印……

其实，画家罗中立自己的父亲是一位工人，油画《父亲》的创作原型，则是四川达县的一位老农，罗中立在四川美院附中读书时，曾经住在他家。《父亲》的创作，实际上融进了画家一生对中国亿万农民的观察和理解。

《父亲》几易其稿，罗中立把自己对中华民族农民的理解、认识，用自由的形式表达出自由的内容。我们面对《父亲》，感受到的是一个饱经沧桑，却又永远对生活充满希望、期待，有着乐观精神和坚忍奋斗力的普通老农民形象，在他身上汇集着中华民族的优秀传统、百折不挠的创造力。这种强烈的视觉效果，在

① 索雪瑞：《美：人生价值的最高形态》，《理论与现代化》2004年第2期。

观众的心中产生的是一种平凡而又伟大的情感，是撼人心魄的。

正是画家罗中立大胆、充分、自由地释放自己的思想情感，把他内心深处理解的农民真实地表现出来，才使得“父亲”的形象更加真实可信、有血有肉，引起全社会的关注，激起广大观众思想上、情感上的共鸣。

美育能够引人达到最高境界，但是，真正达到最高境界并不容易，这里最根本的原因是，美是一种进入灵魂的教育，困难在于如何进入内心世界。

进入内心世界，至少需要具备两个条件：一是发现自我，能够通过内心的建构，不断进行自我教育，成为有主体性意识的公民，这是基础条件；二是在成长的过程中，尤其是情感敏感期，能够不失时机地开展审美、立美教育，让孩子发现美、理解美，进而追求美好的人生。

而这两个条件，最初都是在家庭中形成的。因此，美育真正的奠基工程是在每一个家庭，目前，能够自觉而且正确地开展美育的家庭并不多，这是摆在我们每个家庭面前光荣而艰巨的任务。

当前，问题的严重性更在于，如果孩子在成长时期、在应试教育的驱使下成了考试机器，失掉了自我，满脑子充斥着分数和名次，哪里还有空间可以容纳美？这样的孩子，虽然不至于成为离开人类文明的狼孩，但是发展下去，肯定也没有美好的人生。当前的这个现实问题，值得每个人、每个家庭深思！

（二）美为人生打下最深根基

家庭美育是人生美育的最初阶段，也是最重要的扎根阶段。

习近平对人生有一个生动的比喻，强调了早期教育的根基性质：“这就像穿衣服扣扣子一样，如果第一粒扣子扣错了，剩余的扣子都会扣错。人生的扣子从一开始就要扣好。”

早期美育，能够助人夯实最深根基，与扣好第一粒扣子，两者有哪些特殊关系呢？

1. 美能够解放思想、开启心灵

许多人都知道“真正的教育是自我教育”，但是自我教育并不容易真正进行。俗话说：“装睡的人永远叫不醒。”这从反面说明，进行自我教育必须先开启心灵，让人觉醒。开启心灵，进入心灵，让孩子发现自我，才有自我教育的

基础。

为什么美能够开启心灵？黑格尔有句名言："审美带有令人解放的性质。"因为美是最自由的，在美的世界里，没有那么多条条框框，更没有禁忌和枷锁。美超越了真与善的局限。例如，每个人可以自由选择，喜欢不同的颜色，有一个孩子即使表示他最喜欢黑色，也不能说不对，不应该被批评。托尔斯泰就肯定了：安娜·卡列尼娜就是以简朴的黑衣裳在晚会上美压群芳。

美还可以自由地想象，谁也挡不住。面对一个小圆点，孩子可以发挥自己的创造性，天马行空，想象出许多美的形象：太阳、肥皂泡、珍珠……

美还没有终点，永无止境。一个孩子随着阅历的增加，会发现和想象出越来越美的东西。人类随着自己的发展，对美的创造也是没有止境的。美将使人的一生更加幸福；美将伴随人类的发展，走向越来越美好的未来。

2. 美对儿童思维的早期影响

（1）美的形式与儿童的形象思维一致。

被人类改造了的社会存在的形式，就是美。一个没有形式（形象）的美那不是美。①因而，美离不开形象，而孩子一开始总是"用形象进行思维"。②

根据"儿童大脑的自然属性的要求，对他的智力培养须在思维源头，即在直观形象中，首先是在大自然中进行，使得思维由具体形象向着这个形象的信息'加工'转换。"③也就是说，儿童是通过审美，在大自然中获得具体形象，然后自己再进行信息的加工。

这个加工过程，就是一种"思维操练"。"人在学会洞察周围世界各种现象因果关系的实质之前，应当在童年时代经历一个思维操练的阶段，这种操练就是观察物体和现象；孩子看了生动的形象，然后进行想象，在自己的观念中塑造这个形象。"④

可见，美对儿童思维产生影响，首先是因为美的形式与儿童的形象思维一致。

---

① 李泽厚：《华夏美学·美学四讲》，生活·读书·新知三联书店2015年出版，279页。

② 〔苏〕苏霍姆林斯基：《育人三部曲》，人民教育出版社1998年出版，33页。

③ 同上，34页。

④ 同上，47页。

（2）美使儿童思维迅速发展。

儿童通过对美的感知、理解，使思维迅速地发展起来。当家长带领孩子观看天空变幻莫测的云彩时，孩子开始是震惊，接着是想用各种词语表达自己的赞美和思考，这时候思维的发展就在悄悄地进行。“美与活跃的思想犹如阳光与花朵一般，是有机地联系在一起的。”①

缺少了诗意和美感的涌流，孩子就不可能得到充分的智力发展。儿童思想的本性就要求有诗的创作，诗的创作始于目睹美。大自然的美能锐化知觉，激发创造性思维，使言语为个人体验所充实。为什么人在童年岁月中能掌握这样多母语的词汇？这是因为他对每个词，不仅领会它的涵义，而且也能感受它的美的细微差异。②

（3）审美的敏感性、细腻性有助于儿童思维发展。

儿童早期敏感性很强，尤其对色彩鲜明、旋律动听、形象生动的美好事物，所有这些外界刺激，他们都十分感兴趣。“我益发确信，形象地观察世界，力图用语言表达对美的感受——这就是儿童思维的核心。儿童的思维是艺术的、形象的、饱含情感的思维，要想让孩子变得聪明伶俐，就要让他享受到艺术地观察世界的幸福。”③

儿童早期，了解世界是以形象思维为主，自然对于美——它是以形象为重要特征，就倍加敏感。因此，顺应儿童的这个特点，以美育来促进孩子的思维发展，往往效果比较突出。

尤其是，在情绪十分高涨的时候，孩子的思维特别清晰，识记进行得也很紧张。④当儿童“力图用语言表达对美的感受”的时候，更是在表达美、创造美，是进入可贵的美育实践阶段了。

3. 美对儿童情感的早期影响

早期教育一定要及时抓住敏感期，抓住善良情感的修养，避免时过境迁，这是一个关键。“善良情感、情感修养——这是人性的核心，如果在童年培养不出

---

① 〔苏〕苏霍姆林斯基：《育人三部曲》，人民教育出版社1998年出版，50页。
② 同上，49页。
③ 同上，88页。
④ 同上，47页。

善良情感，那就永远也培养不出来了。人在童年时期应当经历一个培养情感的学校——培养善良的学校。”[①]

（1）情感是在爱护和关怀周围世界的美当中产生。

“经验证明，善良之情应当在童年扎下根来，而人性、仁慈、抚爱、同情心则在劳动中，在爱护和关怀周围世界的美中产生。”[②]优秀的品质，都不是靠道德说教能够培养出来的，只能是在劳动中、在改变世界的实践中逐步形成。每个人在创造大地上的美的过程中，自己也变得更美好。

（2）情感审美敏感——影响心灵的最细腻的手段。

“感情丰富是受过德育和美育的人所特有的品性，这一品性表现在他的心灵易于领会善意的话语、教导、忠告和赠言。……想使您的学生渴求善良，那您就要把幼小的心灵培养得细腻和富有感情的敏感性。”[③]

人的多情善感、秉性聪颖以及对语言与美的敏感，这是影响心灵的最细腻的手段。[④]

教育家苏霍姆林斯基为孩子们写了一个童话，生动地说明细腻的心灵美是多么重要的人生根基。

不让蝴蝶被刺伤

小姑娘左雅在花园里，看到许多刺槐树，刺槐树上长满了一根根尖利的刺。

五颜六色的蝴蝶在刺槐树上翻飞。哎呀！它怎么一点也不害怕地飞！如果碰到刺，将会怎么样！

然后，左雅来到了刺槐面前，掰掉了刺槐的一根刺，掰掉了第二根，掰掉了第三根。

妈妈看到了，问她：“左雅，你在做什么？为什么要掰掉那些刺？”

左雅回答道：“不让蝴蝶被刺伤。”

---

① 〔苏〕苏霍姆林斯基：《育人三部曲》，人民教育出版社1998年出版，64页。

② 同上，63页。

③ 同上，203页。

④ 同上，372页。

4. 美对儿童道德的早期影响

以美储善，美可以促进道德发展。“只有当每个人都在人们所创造的世界中看到和感觉到自身美的时候，我们的社会才会上升到道德发展的这一个阶段。”①

美是道德纯洁、精神丰富和体魄健全的有力源泉，美育最重要的任务是教会孩子能从周围世界（大自然、艺术、人们关系）的美中看到精神的高尚、善良、真挚，并以此为基础确立自身的美。②

（1）美育使人易于接受道德教育。

进行道德教育，造就真正的人——就是在号召做一个美的人。一个人接受这种号召就会成为十分敏锐、易于接受教育的人，如果道德理想那些令人向往的东西，能够使他变成高尚的话。因为道德理想本身就是人的一种高尚的美。③

（2）在创造世界中看到和感觉到心灵美。

“我认为对自然界美的感受，积极去创造美的东西，是对青少年心灵一种极重要的训练，是使人力求看到人的美及其心灵美，力求去确立人自身那种美的东西并蔑视懦弱、畏缩、意志薄弱不可缺少的东西。”④

一个孩子，只有在创造性劳动中，对社会、对他人有了帮助的时候（即使是不显眼的小事），他才会真正感到幸福，体悟到什么是心灵美，而这是道德教育的重要基础。

5. 美对儿童发现自我的早期影响

美育能够为自我教育打好根基。自我教育意识和能力是人的核心品质，而苏霍姆林斯基又明确指出：“美是自我教育的最重要的手段。”

（1）美能够解放思想、开启心灵。

开启心灵，进入心灵，让孩子发现自我，才有自我教育的基础。每个人都生活在环境中，生活在人际关系中。孩子在追求美的过程中，思想是解放的，心灵是开启的，就善于发现生活中的美、人际关系中的美、世界的美。一个开放的心

---

① 〔苏〕苏霍姆林斯基：《育人三部曲》，人民教育出版社1998年出版，355页。

② 《苏霍姆林斯基选集（五卷本）》第四卷，教育科学出版社2001年出版，《帕夫雷什中学》，435页。

③ 《苏霍姆林斯基选集（五卷本）》第二卷，《怎样培养真正的人》，192—193页。

④ 同上，234页。

灵，有助于发现自我。

（2）最终发现美的自我。

美育的最终目的，是通过自悟发现自身的美。通过美，引导孩子认识世界、认识自我。“孩子在发现自己周围的美，并对这些美感到非常兴奋、赞叹的时候，这宛如在照镜子，会观察到人的美。孩子对美的这种感受越早，对美的惊奇越精细，他的自尊感就越高。”①

每个人都在人们所创造的世界中看到和感觉到自身美的时候，就进入了自我教育。

成功的家庭教育，也要落实在自我教育上，教育最珍贵的成果，应该是孩子的自觉、自悟品质。

母亲的珍宝

教育无痕是我母亲家庭教育的特点，她不但一次没有打骂过我，而且总是默默地做事、轻轻地谈话。母亲生前常常独自查看一个小铁盒子里的东西，让我们感到十分好奇。在整理母亲的遗物中，我发现了这个小铁盒子，原来里面珍藏着的竟是我和我的孩子、外甥小时候的书面检查。可惜想不起她用什么办法，让我们这些开始桀骜不驯的孩子，后来心服口服地写下这些忏悔书了。

母亲为什么珍藏这些？我想，是她认为一个孩子能够认识自己的错误，才是最宝贵的。

（3）进入自我教育。

“为创造美而进行劳动，能使年幼的心灵高尚起来，能预防冷漠情绪。孩子在创造大地上的美的过程中，自己也就变得更美好、更纯洁和更可爱。”②

可以说，当每个人在人们所创造的世界中，看到和感觉到自身美的时候，他不但发现了自我，而且初步认识了自我，尤其是为自我感到自豪的时候，他必然会对自己提出新的要求，开始自我监督，努力去实现自己的要求，这时候极其重

① 《苏霍姆林斯基选集（五卷本）》第二卷，《怎样培养真正的人》，193页。
② 〔苏〕苏霍姆林斯基：《育人三部曲》，人民教育出版社1998年出版，239页。

要的自我教育就开始了。

6. 儿童早期情感、思维、道德与审美的相互作用

情感、思维和道德发展，反过来也会影响审美，它们是在同时相互产生影响。

（1）情绪高涨时，思维特别清晰。

"感知饱含情感，这是儿童进行创作的精神渊源。……我通过对低年级学生脑力劳动的多年观察证实，在情绪十分高涨的时候，孩子们的思维特别清晰，识记进行得也很紧张。"[①]情感对思维的作用不能低估，尤其是在儿童时期。

遗憾的是，不少教师、家长在凶巴巴对待孩子时，竟然还要求孩子动脑筋学习，实在是愚蠢。这时候他们没有一点美，只有丑。

（2）真正的思想总是饱含激情的，情感是认识的萌芽。

家长要注意：孩子对世界的视觉，是一种特殊的艺术创作。被孩子感知，同时也是被创造的形象，都带有明显的情感色彩。孩子在感知周围世界的形象，并通过幻想往里添加什么东西的时候，他们也在体验极大的快乐。[②]

在思维的童年时期，思维过程应当尽可能密切地同周围世界中生动、鲜明、直观的事物相联系。让孩子起初先不去思考那些因果关系，让他只是细心察看对象，在里面发现某种新东西。这个孩子就能从傍晚的昏暗所笼罩的树丛中，看出一头暴怒的公牛来。这不单纯是孩子的幻想游戏，它同时也是思维的艺术因素、诗的因素。同是这些树丛，另一个孩子则从中看到另一种东西，属于他自己的东西——他在形象中加进他个人感知、想象和思维的特点。每个孩子不光在感知，而且也在描绘、在制造、在创作。[③]

只有当出现在儿童面前的形象，或者是直观的现实形象，或者是描述得非常鲜明，使儿童好像看得见、听得着、触得到的语言形象时，作为思维实质的思考转换，才有可能进行（正因为如此，孩子如此喜欢童话）。[④]而教师、家长那些干巴巴、十分抽象的训话，儿童根本感触不到，因而毫无效果，只能让人厌烦。

---

① 〔苏〕苏霍姆林斯基：《育人三部曲》，人民教育出版社1998年出版，47页。

② 同上，47页。

③ 〔苏〕苏霍姆林斯基：《育人三部曲》，人民教育出版社1998年出版，47页。

④ 同上，34页。

观看现实的对象和在观念中创造幻想的形象，思维活动的这两个步骤并不存在任何矛盾。儿童把童话的幻想形象作为鲜明的现实来感知和思考，并由自己来创造。创造幻想形象——这是使思想幼芽迅速发育的最好土壤。[①]

苏霍姆林斯基一贯重视童话的教育作用，在实践中提倡孩子想象、幻想，都是为了孩子早期的思维发展，这个观点应该引起家长的重视。

（3）情感是高尚行为的土壤。

情感，形象地讲，它是高尚行为的肥沃土壤。哪里不注意细心、关切地去感知周围世界，哪里就会产生漠然无情的人。心灵的易感性和同情心都在童年时期形成。如果童年蹉跎，那么所荒废的就永远无法弥补。[②]因此，保护孩子的同情心和易感性，是帮助他们成为高尚的人的第一步。

（4）智力发展又丰富了审美。

人在智力上的深入发展，是丰富审美需求和审美感的一个重要条件。因此，审美教育意味着向孩子广泛介绍世界文化成就，介绍人类文化珍品。[③]当我们希望自己孩子的审美、立美水平向更高的境界发展时，智力的发展、知识的丰富就成为不可或缺的方面。

（三）美育培养真正的人

美育能够促使人达到人生发展的最高境界；美育能够助人夯实成人、成才的最深根基。美育最终的目的是培养真正的人，而这一点是当前许多家庭还不十分明确的地方。

教育家蔡元培曾经指出：“人人都有感情，而并非都有伟大而高尚的行为，是由于感情推动力的薄弱。要转弱为强、转薄为厚，就有待于陶养。陶养的工具，为美的对象，陶养的作用，叫作美育。”

美的对象，何以能陶养感情？因为它有两种特性：一是普遍性，二是超脱性。

美有普遍性以打破人我的成见，又有超脱性以透出利害的关系；所以当着重

---

① 〔苏〕苏霍姆林斯基：《育人三部曲》，人民教育出版社1998年出版，47页。

② 同上，92页。

③ 《苏霍姆林斯基选集（五卷本）》第四卷，《帕夫雷什中学》，538页。

要关头，有“富贵不能淫，贫贱不能移，威武不能屈”的气概；甚至有“杀身以成仁”而不“求生以害仁”的勇敢；这种是完全不由于知识的计较，而由于感情的陶养，就是不源于智育，而源于美育。

但是，要想成为真正的人，具体到每一个孩子来说，目标是什么呢？

1. 从一个案例说起

人们常说：德育搞不好出危险品，智育搞不好出次品，体育搞不好出废品。那么，美育搞不好，是什么结果呢？

近些年，社会上涌现追求美的风尚，这是走向小康社会的必然现象；可是凶杀案、校园暴力也在升级。这相互矛盾的两种现象，是不是与教育上存在的问题有关呢？这的确需要我们反思。让我们先从高才生投毒杀害同学的案件说起：

> 复旦大学高才生林森浩向同学黄洋投毒致其死亡，在一审宣判死刑之前，他接受了中央电视台的专访。专访中，他告诉记者，对于自己性格中的“矛盾”，他自己都无法解释。不过，在他断断续续的回答中，我们还是可以看到一些蛛丝马迹。
>
> 记者：你能解释吗？就是自己性格中这种巨大的反差。
>
> 林森浩：……可能还是跟我做事不计后果这个习惯有关。伤害别人身体的这种行为，好像在我这里不是我的一个底线。
>
> 记者：为什么这最基本的东西，当你长到这么大，而且你的智商这么高的时候，反而没有具备？
>
> 林森浩：不知道。我觉得这些东西是需要学习的，就是你头脑里的底线，你做事的习惯方式、思维方式都是需要你学习的。除非你在很小的时候，可能在你的家庭、周围环境存在那种很强烈的、反反复复的刺激，导致你头脑里从小就形成这种习惯。要是从小没有，那么你长大以后要学习，必须是要自己经过反复不断地强化。
>
> 记者：你学习过吗？
>
> 林森浩：我没有，跟我的成长路程有关。因为一路走来，就是说成绩都还一直可以，在别人看来可能有点自以为是。

从这段谈话中可以看出，林森浩之所以不敬畏生命，缺少了绝不能“伤害别人身体”的认识底线，是因为他从小缺少了对自己和他人美好人生负责任的教育，长大以后，也没有强化这方面的教育（应该说不只是他认为的所谓“习惯”）。不敬畏生命，不懂得生命如何走向美好，不理解什么是美好的人生，这就是林森浩虽然知识渊博，却最终沦为阶下囚并走向人生终点的重要原因。

而从林森浩的个案出发，站在教育工作的角度，我们应该做更深层的反思：缺少触及灵魂的教育。

高考780分的林森浩作为复旦大学的高才生，他的“智”应该说没有问题；而且林森浩是班干部，在父亲的印象中是“曾经孝顺、善良的儿子”。林父强调：“说我儿子歹毒，故意杀人，我到死都不会相信。”他认为孩子的“德”，至少不应该低到去谋害他人性命。

可是活生生的现实告诉我们，林森浩就是这样做的。法庭最终宣布：“林森浩因琐事而采用投毒方法故意杀人，手段残忍，后果严重，社会危害极大，罪行极其严重。”

为什么一个受过高等教育的人会做出这样的事？他自己说的是：“我做事不计后果”“伤害别人身体的这种行为，好像在我这里不是我的一个底线。”

他自己说不清楚的原因，其实就是“最基本的东西”缺失了。这个“最基本的东西”是什么？实际就是在他内心世界中，缺失了对生命本质的认识，对生命的敬畏，对人生价值的理解。一所大学的高才生竟然缺乏这些最基本的东西，这说明我们从小到大的教育，并没有真正完成对灵魂的引导与重塑，这难道不应当引起我们对学校教育、家庭教育整体工作的深思吗？

在我们所倡导的教育思想、教育纲要中，甚至在课本的编写中，不乏各种道德教育、理想教育的内容。然而，它们为什么没有进入孩子的心灵深处？怎样才能使教育触及灵魂呢？

在日常生活中，我们把“好看”“好听”叫作美，这只是从形象上、从感官上给人一种愉悦感。

人类的美，应该说有更深刻的意义。所谓美，就是人类在实践创造的基础上，体现了人的本质力量并且有积极意义的生活形象。建筑工人欣赏自己建造的高楼大厦；农民欣赏自己辛勤培育的庄稼；艺术家欣赏自己呕心沥血孕育的作品；教师欣赏自己循循善诱而主动发展的学生；家长欣赏自己千辛万苦拉扯大的孩子。这才是美!

所以说，人的本质力量（主体性、自由自觉等精神力量）在实践中的对象化，才是美的本质。如果我们的审美教育没有达到这样的层次，自然不会进入人的内心世界，也无法触及灵魂。

没有美育，就是没根子的教育。

真、善、美是人类一切理想境界的最完整标志。“真”侧重人掌握客观规律，善侧重掌握人的需要，也就是说，人只有满足自己爱的需要、交往的需要和社会道德规范的需要才能达到善。而“美”则侧重在前两者的前提下，超越真（例如过去梦想的千里眼和顺风耳）和超越善（例如超越道德中的诚实规范，做好事不留真名）各自的片面性，比较自由地、自主地把握客体，从而充分地达到自我实现的境界，也就是最高的美的境界。

教育家蔡元培曾经指出：“……美育者，与智育相辅而行，以图德育之完成者也。”他强调的是：“美育是辅助德育完成的有力工具。”也就是说，美育是一种潜移默化地影响人的情感、净化人的精神的工具，它的作用是帮助德育完成任务。现在事实的确证明了：如果缺少美育，孩子没有动情，仅仅满足于宣誓和背诵道德条文，德育就没有可能真正完成。

我们的教育，为什么缺失了美育?

不能不说，应试教育的大环境把应试放到压倒一切的高度，这时候，孩子拥有的只能是为了分数而死记硬背的“知识”；只能掌握为了升学而必须遵守的“品德习惯”“规章制度”。可以设想，如果一个人满脑子都是名次、分数，“两眼一睁，开始竞争；两眼一睁，学到熄灯”（某中学的标语），心中只有个人的得失，也就是在他们内心世界中只想为名次、成绩“拼搏”的时候，已经很难容下其他东西，更不用说真、善、美了。

另一方面，孩子成长中接触的是真实的社会环境，而当今的社会中，把金钱、实惠、名利看得至高无上的思潮，还拥有相当力度的市场，这种社会思潮也正是应试教育愈演愈烈的背景。这种思潮和真、善、美背道而驰，它已经通过各种渠道，慢慢渗透到孩子的生活与思想当中。

著名作家杨绛沉痛地讲过一件事情："我对现代教育知道的不多。从报上读到过美术家韩美林作了一幅画，送给两三岁的小朋友，小孩高高兴兴地回去了，又很快把画拿来要韩美林签名，问他签名干什么，小孩说：'您签了名，这画才值钱!'可惜呀，这么小的孩子已受到社会不良风气的影响，价值观的教育难道不应该引起注意吗?"

可想而知，一个没有通过美育打下丰实的基础、没有识别美丑能力的孩子，面对这些社会思潮，既不可能躲进一个纯洁的空间，而在现实社会中，他又没有自我抵御的能力，他要健康成长，自然是很难很难的，更不要说成为顶天立地具有高尚美德的新一代。

2. 美育应该从小进行

那么，怎样将美育与智育相结合？美育怎样成为辅助德育完成的有力工具？美育应该从小进行，在家庭中进行，不搞半截子教育，应该是一个重要的经验。

美育的优势是能够调动人的感知、情感、想象、理解和发现自我，通过这些丰富多样的心理活动，教育才能直达人的心灵。而一个人的童年时期情感感受性更强，正是开展美育的最好时机。

我曾经不明白，苏霍姆林斯基作为一位著名的教育家，为什么花大量时间写了1200个童话故事？2013年我去乌克兰访问，看到了他们大量出版的精美的童话书籍，看到了在中小学、幼儿园里有十分动情的童话演出，看到帕夫雷什中学精心策划修建的童话室，我才逐步明白了，他们是把"美育从小进行"，并落到了实处。

苏霍姆林斯基认为："童话与美是分不开的，并有助于美感的培育，没有美感，就不能想象有高尚的心灵和对他人的不幸、悲伤和痛苦的真诚的同情心。"[①]

例如，苏霍姆林斯基写过这样一篇童话：

① 〔苏〕苏霍姆林斯基：《育人三部曲》，人民教育出版社1998年出版，188页。

在夜莺面前觉得羞愧

奥丽雅和丽达，选择了去森林。走啊，走啊。在路上走累了，就坐下来休息。掏出来袋子里的面包、鸡蛋、黄油，开始吃加餐。

树上落着一只唱歌的夜莺，它美丽的歌声迷住了奥丽雅和丽达。她们俩坐着，不敢动一动，直到它的歌声停了下来。

这时候，奥丽雅把吃剩下的垃圾，扔进了灌木丛。

而丽达则收拾这些垃圾，包起来，放进一个袋子里。

奥丽雅问："你为什么把这些垃圾收起来？在树林中并没有人看见。"

丽达静静地说："在夜莺面前我觉得羞愧。"

（冉乃彦译自《向日葵》）

苏霍姆林斯基在这里用孩子最容易理解的事情和情感，赞颂了美好的感情，让这种美好的情感更加放大、更加升华，它将始终陪伴着孩子的人生旅程。

这篇童话传递了苏霍姆林斯基的一个重要思想："这里特别重要的一点是，孩子做了不体面的事，受到责备主要不是来自年长的人，而是来自孩子本人。年长的人只能去点燃善良思想的火花。"①因此，他十分重视早期通过童话进行教育，认为这是一种"润物细无声"的美感教育，是能够激发自我教育的道德审美教育。

回过头来，想想我们的教育，为什么问题层出不穷？是不是正是从小缺少了美育这个重要环节？当孩子一入学，就用考上清华、北大的目标引领他，用高垒如山的作业折磨他，除了为分数盲目拼搏的自我以外，哪里还有美？哪里还能够容得下美？这样的人，考试结束就把书扔掉，大学毕业以后就专门挑清闲、挣钱多的工作，或者干脆成为啃老族，就不足为怪了。

对于已经度过童年期的青年来说，如何弥补美育的不足？在这里，用得着敬一丹母亲的一句名言："想改变自己，任何时候都不晚！"由于青年比儿童更加成熟，自觉意识应该更强，只要想改变自己，就会找到符合自己情况的方法，去有效地学习欣赏美、理解美、表达美、创造美。

---

① 《苏霍姆林斯基选集（五卷本）》第二卷，《怎样培养真正的人》，教育科学出版社2001年8月第1版，352页。

何况，当代许多孩子内心世界并不都是一片荒原，他们有可能从各种角度，从小接受了一定的美育，或是家庭重视美育，或是学校重视美育，或是在社会上接受了美育，他们的心灵并不是完全空白，有了一定的审美基础，把握住这些衔接点，仍然可以进一步再接再厉，逐步成为德、智、体、美全面发展的新一代。

3. 美的人生应该成为人生追求的最高价值目标

从古代，哲学家柏拉图就强调“美具有引人向善的作用和力量”。到当代，联合国教科文组织的报告《学会生存》中指出：“我们个性中的一个根本而必要的部分是对美的兴趣，是领悟美并把美吸收到性格中去的能力”，[①]这些，都可以看到人类历来十分重视按照美的规律，推动社会发展和塑造自己的人生。

德国著名诗人海涅每次去卢浮宫博物馆，都要一连好几个小时坐在美洛斯的维纳斯雕像前哭泣。他哭什么呢？他竟然是哭人的完美遭到了玷污，哭通向完美的道路是艰辛的 、遥远的……

通向完美的道路虽然艰辛、遥远，但是，人类对美的追求从来没有停止过，因为“美”才是人类追求的最高境界。俄罗斯著名作家、《罪与罚》的作者陀思妥耶夫斯基面对沙皇俄国当时的悲惨世界，仍然坚定地指出：“美将拯救世界。”

美育，绝不能肤浅地理解为仅仅是唱歌、画画，美育的最终目的是提高人生的精神境界。“由于美是使人成为主体，彻底摆脱动物界的最后环节，是人的主体性得到全面实现的标志，因此，美是人生价值的最高追求或最高境界。”[②]

然而，不仅理解美不容易，在生活中把美真正当成“人生价值的最高追求或最高境界”更不容易。我们需要进一步理解什么是美的人生？什么是人生的最高境界？怎样达到这个境界？

审美教育本质上是一种价值观教育，应该按照国务院办公室《关于全面加强和改进学校美育工作的意见》的要求，“把培育和践行社会主义核心价值观融入学校美育全过程”，通过这种教育，使孩子懂得什么是美、什么是丑，从而培养孩子趋美避丑的审美自觉，激发孩子内心向往美、寻求美、实现美的良好愿望。

---

① 联合国教科文组织：《学会生存》，教育科学出版社，96页。

② 索雪瑞：《美：人生价值的最高形态》，《理论与现代化》2004年第2期。

人生之美作为人生追求的最高价值目标，是人生价值的最高形态，它的内涵是丰富的，对于每个人来说，形式也是多样的。不论孩子的现状如何，从现在开始，引导他们了解人生之美的表现和特点，然后以此为目标，去设置、创造和实现美的人生，对于实现自己人生的最大价值有着重要意义。

美，就是创造。

人，永远不会满足现有的生活，总要创造更新的生活。苹果手机的发明人乔布斯就是一个典型的代表人物。他为什么总是能够不断地打破陈规旧律，创造出精美实用的产品造福于人类？就是因为他对美的人生有着强烈的追求。乔布斯有一句名言："人活着，就是为了改变世界！"这句话表明了他对人生认识的高度。有了认识的高度，就会有精彩的、美的人生。

"人的认识能力包括人的实践能力、认知能力、价值判断能力和审美能力，审美从其他能力发挥作用的终点开始自己的创造，就使自己与其他能力处于主客体统一的不同层面上。它是包含了其他一切能力，而又超越了其他一切能力的最高层次的能力。"[①]

也可以说，人是在实践能力、认知能力和价值判断能力的基础上，开始了审美性质的创造。家长应该引导孩子，不仅能够制造一个机器人，还要有能力让它美起来；不仅知道机器人的制造方法，还要知道怎么让它美；孩子不仅知道这个机器人可以为我们做许多事情，通过孩子的创造，还可以从一个艺术品的角度去评价机器人。

所以美——就是创造，只有在创造中才能体现人的本质力量。孩子制造了一个精美的机器人，不仅会使世界更美好，而且证明了孩子自己的创造能力；孩子通过自己的设计，让机器人变得美丽、可爱，也证明了自己和乔布斯一样，具有审美性质的创造能力。

创造美的人，本身就是美的。

"实践不仅创造了对象世界的美、物的美，而且创造了人的美。"[②]人的自由自觉的活动，就是按照美的规律来进行的，人在变革世界的同时，也在变革自己。也就是说，每一个人不但按照美的规律塑造物体，同时按照美的规律塑造自

① 索雪瑞：《美：人生价值的最高形态》，《理论与现代化》2004年第2期。

② 同上。

己的人生。

我国著名美学家朱光潜在《人生的艺术化》中指出："人生本来就是一种较广义的艺术，每个人的生命史就是他自己的作品。""知道生活的人就是艺术家，他的生活就是艺术作品。""严格地说，离开人生便无所谓艺术，因为艺术是情趣的表现，而情趣的根源就在于人生……""离开人生便无所谓艺术；离开艺术也便无所谓人生。"

创造美的人本身就是美的，作为表现实践美的人类，在本质和形象上也是美的。如果一个人不能以美好的理想为目标，不能超出狭隘的物质享受，不能通过实践在对象世界中肯定自己，在各个领域中确立自己的主体地位，就不能在自我创造的世界中得到精神上的满足，也就不能成为完善、自由的主体，那就没有美的人生。

"美是道德纯洁、精神丰富和体魄健全的有力源泉。美育最重要的任务是教会孩子能从周围世界（大自然、艺术、人们关系）的美中看到精神的高尚、善良、真挚，并以此为基础确立自身的美。"①因为"你一旦能面对美发出惊叹，你心灵里也会有美开放。"②

为什么能够从周围世界的美看到和思考自身的美？苏霍姆林斯基做了这样深刻的分析："理解和感受美，由掌握和创造美好的东西而带来的快乐，按马克思的理解，这是使人能够在他所创造的世界中认识自己的最重要的前提之一。"③

"对周围世界的美的观察和感受，是理解和体验现实生活的快乐、生活的美的最主要源泉之一，使我们产生了一种思想，即这种思想的不可逆转性和唯一性的重要源泉也在于对周围世界的美的观察和感受。世界、大自然和美的生命是永恒的，而我只能生活在大自然指定给我的一段时间内，重要的是要使每个人在少年期就考虑应该怎样度过自己的一生。我们应该教会人去珍惜生命，教会他去珍惜人、爱护人，保护生命。"④

我们作为家长，如果不是以被动的态度去教育孩子；也不是只知道照本宣

① 〔苏〕苏霍姆林斯基：《育人三部曲》，人民教育出版社1998年出版，435页。
② 《苏霍姆林斯基选集（五卷本）》，《帕夫雷什中学》，教育科学出版社2001年出版，436页。
③ 〔苏〕苏霍姆林斯基：《育人三部曲》，人民教育出版社1998年出版，355页。
④ 《苏霍姆林斯基选集（五卷本）》，教育科学出版社2001年出版，562页。

科、灌输知识，而是有自己的人生理想，并且能够依据孩子的情况和时代的要求，创造性地发挥自己的潜能，在家庭中培养德才兼备的孩子，就会感到精神上的满足，同样就会拥有美的人生。

二、家长的美引领孩子的美

其身正，不令而行；其身不正，虽令不从。
——孔子《论语·子路》

美育是从家庭开始的，父母是孩子的第一任美育教师。在现实生活中，虽然每位家长都有做好第一任美育教师的美好愿望，但是往往事与愿违，其中最主要的原因是：忽略了要用家长自身的美引领孩子的美。

（一）从家庭美育的现状说起

每个家庭实际上都在进行着不同类型、不同程度的美育，只不过，由于中国家庭美育的普及工作做得不够，绝大多数家庭没有明确的目的性、自觉性、计划性。

比较常见的现象是：

1. 有的家庭冲突是由于审美观念不同而引起的

孩子天生就是个美术家，一旦画笔在手，东涂西抹，不亦乐乎！一会儿，好端端、白净净的一面墙布满了涂鸦。妈妈回来，火冒三丈，一顿臭揍——小小美术家就扼杀在摇篮里了。

爸爸让读初中的孩子穿得朴素点，而孩子觉得家长买的衣服太土，简直没脸进教室。父子俩战斗了几个回合，胳膊拧不过大腿，孩子噘着嘴，穿着爸爸指定的衣服上学去了。

过了一段时间，爸爸觉得不对劲——天天都穿的衣服，怎么总是那么干净、平整？一天，爸爸悄悄跟踪，这才发现，孩子是快到学校的时候，偷偷把自己喜欢的时髦衣服换上；放学了，进家门之前又脱了。接下来，审问、处罚在所难免。双方可能都没有意识到，这其实是审美观念不同惹的祸。

2. 有的家长认为美育不是家庭的任务

有的家长对美育并不反对，但总觉得这是学校的事情，认为家长放心地把孩子交给学校，应该就什么教育也缺不了。这些家长可能不知道，杜威曾说过："当家庭教育完全让位于学校教育时，即意味着教育失败的开始。"

家庭教育和学校教育，不仅互相不能代替，而且双方如果不能很好地合作，教育仍然不能成功。

学校当然会有一整套美育措施，但是这些措施都不能缺少家庭的配合。比如，学校布置了"寻找春天"的作业，家长是采取应付的态度，"你自己去找吧"；还是颇有兴趣地和孩子展开讨论：什么时间？到什么地方？用什么方法去寻找春天？不同的态度，决定了家庭美育的不同发展。

因此，家校的密切合作绝对不可少。例如，在家长会上，班主任应当说明学校的计划和具体的意图，并且引导家长交流这方面的经验教训，用家长队伍自身的经验，帮助家长提高认识。

3. 有的家长感到美育高深莫测

有的家长感到美育高深莫测，认为它是一般家庭享受不起的"奢侈品"。尤其是听了一些美学家的报告，什么"对象性""意象""空灵"，搞得一头雾水，只好敬而远之。其实，美育应该是家庭教育的"必需品"。美就在身边，美育随时随地都可以进行。种一盆花、听一首乐曲、穿什么衣服、买什么玩具、看什么电视节目……这里面都有美育。

关键是家长有没有审美修养。有审美修养，这些事情在家庭中都会成为很好的美育契机。从长远考虑，学校应该在家长的审美修养提升方面，提供一定的支持。因为，学校有艺术课的专业教师（当然，也可以邀请家长当中有美育专业知识的人），可以结合学校、班级活动的需要，为家长普及一下美育知识，例如图案设计、服装选择、绘画和音乐欣赏等。

除了讲课，更多的是教师在自己的工作中渗透美育，起到示范作用。比如，语言怎样才叫美？教师在给学生写的评语中，平时发的短信、微信中，就可以让学生和家长看到充满情感的语言美。

4. 应试教育冲击了家庭美育

当前最大的问题，是应试教育冲击了家庭美育。有的家庭，把孩子的时间全部用在提高分数上，家长心里才踏实。即使参加艺术兴趣小组，也是有很强的功利目的，实际是糟蹋了美育。

这个问题的解决，当然比较复杂，是一个系统工程，需要各方面努力。但是，不同的学校、不同的教师、不同的家庭，由于态度不同、做法不同，培养学生的结果会有很大区别。有的坚持学生全面发展，使其成为“应试教育的幸存者”，孩子还会有前途；有的向应试教育投降，甚至成了帮凶，最终只能是害了孩子。

（二）家长要做个追求美的榜样

什么是家长自身的美？当前最大的误区是表面理解了美。把美局限在服饰的美丽、居室的华丽和能歌善舞方面。这虽然不能说错，但遗憾的是没有理解美的本质，尤其在培养人这个重大任务上。

美育，应该是让孩子通过审美、立美活动，达到追求真、善、美的人生最高境界，获得一生幸福。

为了说明这个问题，下面列举几个实例：

在人类追求真、善、美的历史上，有许多巨星在闪烁。其中，泰戈尔尤其使人难以忘怀。他的作品不但词语优美，而且富有深刻的哲理。

读了“不是槌的打击，乃是水的载歌载舞，使鹅卵石臻于完美。”我们深深懂得了什么是教育。

读了“天空没有留下翅膀的痕迹，但我也飞过。”我们进一步懂得了人生。

泰戈尔是一颗耀眼的巨星，他是亚洲第一位获得诺贝尔文学奖的文学家，在60多年的写作生涯中，一共创作了50多部诗集，长篇、中篇小说12部，短篇小说100多篇，剧本20多部，还有大量有关文学、哲学、政治的论文以及回忆录、游记、书简等。泰戈尔70岁开始作画，作品达1500多幅，还创作了2000多首歌曲，其中一首为印度国歌。

需要我们注意的是：泰戈尔是怎样成长的？他的家庭、他的父亲起了什么作用？

1861年5月7日，罗宾德拉纳特·泰戈尔出生于印度加尔各答一个富有的贵族家庭，他的父亲戴宾德纳特·泰戈尔是著名的哲学家和社会活动家。

戴宾德纳特·泰戈尔少年时代在豪华奢侈的生活中度过，青年时期在母亲的影响下，开始潜心于精神和心灵的探索，终于在古代奥义书中找到了真理。他于1839年发起成立了一个纯洁的宗教团体，取名为“通梵协会”，不久改名“知梵协会”，宗旨是敬奉无形的独一无二的梵，将印度教从偶像崇拜和迷信活动中解放出来。1843年，戴宾德纳特把自己的协会并入梵社，并且成为梵社的第二代领袖。在宗教改革和社会活动方面，他也不负众望，他将罗易去世后陷于瘫痪的梵社恢复起来并发展壮大。他整顿教务，严格组织纪律和宗教仪式，同时大胆进行改革，积极开拓，培养和重用年轻一代。到19世纪50年代末，梵社的分支机构已遍布孟加拉地区，成为全印度影响最大的宗教和社会改革组织。

泰戈尔的哥哥、姐姐也都是社会名流，泰戈尔在这样一个文坛世家环境的熏陶下，8岁开始写诗，12岁开始写剧本，15岁发表了第一首散文诗《野花》，17岁发表了叙事诗《诗人的故事》。才华横溢的泰戈尔，从小就走上了文学创作的道路。

泰戈尔家里虽然富有，但父母对孩子的要求很严，从不让孩子过奢华的生活，吃穿都很朴素。因此，他从小养成了朴素、严谨、节俭的好习惯。泰戈尔自幼喜爱大自然，一次喜马拉雅山之行是他有了远行抱负的开始。

泰戈尔回忆父亲：“一生不干涉我们的自由。他认为真理的道路迷失了，还可以失而复得，但用外力强迫一个人或是一个人盲目地接受真理，最后都会阻碍他走上真理的道路。”[①]

① 王继华：《家庭文化学》，人民出版社2010年出版，336页。

从这个实例，我们可以发现：巨星泰戈尔的诞生，家庭环境的影响很重要，尤其是父亲的言传身教有很大作用。

（三）家长的自我教育是家庭美育的关键

1. 家长要有自我教育的强烈意识

经过家庭教育工作者和广大家长多年的研究，大家有一个重要的发现：家庭教育的重点不应该是对孩子的教育，而应该是对家长的教育；而在家长教育当中，关键又是家长的自我教育。

> 台湾诗人余光中对自我教育有一个生动的解释：你生气，是因为自己不够大度；你郁闷，是因为自己不够豁达；你焦虑，是因为自己不够从容；你悲伤，是因为自己不够坚强；你惆怅，是因为自己不够阳光；你嫉妒，是因为自己不够优秀。凡此种种，每一个烦恼的根源都在自己这里。所以，每一次烦恼的出现，都是一个给我们寻找自己缺点的机会。

在家庭美育中，家长同样应该意识到自己是关键。这个关键作用，并不是要求家长一定是艺术高手，而是要有对真、善、美的追求，为有一个美好的人生而努力，要做一个不断发展自己主体性的人——即有能动性、自主性和目的性的人。主体性就是人的最高本质。而美的基本要素，第一个就是体现人的本质。

2. 家长要有自己的审美、立美追求

马克思说："美是劳动的产物。"这说明，家长的审美立美水平，只能是在实践中产生和提高。每位家长要善于在自己平凡的日常劳动中，即在劳动的对象世界中发现自己的本质力量，发现自己创造的美。

例如，建筑工人欣赏自己建造的高楼大厦；农民欣赏自己辛勤培育的庄稼；艺术家欣赏自己呕心沥血孕育的作品；教师欣赏自己循循善诱而主动发展的学生；家长欣赏自己千辛万苦拉扯大的孩子，因为这种美反映了自己的力量——改变客观世界的力量。这种发现，就是对美的欣赏和理解。

这符合美的第二个要素——通过实践，将自己的力量施加在对象世界上。

3. 家长要有审美的基本修养

家长不仅要有对美的追求，还需要具有审美、立美的基本知识和能力。家长至少要有一种艺术爱好——或唱歌，或绘画，或喜爱文学，掌握基本的技能、技巧。在这种实践过程中，发挥自己的创造性，去体验美、理解美，这样才能符合美的第三个要素——能够通过自由创造的形式和形象，表达自己对美的追求。

家长审美的基本修养中，发现美、感受美的能力十分重要。

马克思说："对于没有音乐感的耳朵来说，最美的音乐也毫无意义。"①作为家长，还需要具备发现美、感受美的能力。这同样是因为，当前最主要的问题是"世界不缺少美，只是缺少发现"。

怎样才能发现美呢？关键是建立正确的审美观和提高我们自身的感受美的能力——这是美的第四个要素。

上了一课

儿子带父亲去餐馆吃晚饭。父亲岁数大了，身体很虚弱，吃饭的时候，食物掉在衬衫和裤子上，到处都是。在周围食客的注视下，儿子始终表现得相当平静，一点儿也不感到尴尬。

等老人吃完后，儿子慢慢地带着父亲来到盥洗室，小心翼翼地擦掉他嘴角和衣服上的食物残渣，又把身上的污渍处理干净，再把头发梳理整齐，最后才帮父亲戴上眼镜。

当父子二人走出盥洗室时，所有人都停止了进食，餐厅大堂一片安静，有些人无法理解，儿子怎么能带老父亲在公众场合出丑？

但是儿子并不在意别人的眼神，结账后，他小心搀扶着父亲准备离去。这时，食客中有一位老者叫住了儿子问：你不觉得你落下了什么东西吗？儿子回答：我没有。老人反驳道：不对，你有，你给每一个儿子和每一位父亲上了一堂课。

餐厅再次安静下来。

---

① 《马克思恩格斯全集》42卷，125—126页。

在这个案例中，是这位老者发现了人性之美，而其他人面对着同样一个事实，有的人感受不到美，有的人甚至错误地认为是丑。

家长审美角度的自我教育，要从上面总结的四个要素去努力：主体性、劳动实践、自由创造美的形式和形象、感受美的能力。

4. 家长要当孩子的第一个伯乐

家长有了正确的审美观，有了一定的审美、立美修养，还应当成为家庭中的第一个伯乐。伯乐表现在善于发现孩子的潜能，善于鉴别每个孩子具备哪方面的天赋。

傅雷发现、培养傅聪成为著名钢琴大师，应该是一个成功的例子。

傅雷是我国著名文学翻译家、文艺评论家，他的《傅雷家书》至今仍是畅销书。傅雷夫妇作为中国父母的典范，一生苦心孤诣，呕心沥血培养两个孩子成才。长子傅聪成为著名钢琴大师，次子傅敏现为英语特级教师。

傅聪刚开始并不是学音乐，而是遵父命学习美术。傅雷认为自己精通美术理论，又有许多朋友是中国画坛巨匠，傅聪若能拜他们为师，博采百家之长，必定会在绘画上有所作为。谁知傅聪丝毫没有美术天赋，他在学画时心不在焉，乱笔涂鸦，应付了事。

傅雷对儿子没有艺术天赋很失望，但随即发现，每当家里那架手摇留声机放音乐唱片时，儿子总是依靠在他旁边静静地听，小男孩固有的调皮好动的天性，也在此时一扫而光。

于是，傅雷果断让傅聪放弃绘画而改学钢琴。启蒙老师通过对傅聪的教导，也肯定他“有一对音乐的耳朵”，傅雷最终认定自己确实发现了傅聪的音乐天赋。之后，傅雷亲自编订教材、给孩子制定日课，亲自督促，严格执行。傅聪按照父亲的规定，每天上下午都要练琴，有时弹得手指酸痛也不敢松弛一下。

有一次，傅聪弹着弹着出了神，心里突然来了一阵灵感，于是离开琴谱，奏出了自己的调子。在楼上工作的傅雷觉得琴声有异，便从楼上轻轻下来。傅聪看到父亲吓了一跳，而傅雷却叫儿子重复弹奏刚才的自编曲，并亲自用空白五线谱把曲调记录下来，他称赞儿子这是一曲很好的创作，还特地起了一个名字叫作《春天》。

正是在父亲的严格教导下，傅聪终于成为一名著名的钢琴演奏家。[①]

家长作为伯乐，不仅仅是能够发现孩子的潜能，还应该逐步提供各种力所能及的条件，例如：就地取材，给孩子一个展示的舞台。

从女儿两岁多时，我就在客厅里展览她的涂鸦作品，每当客人来时，吐字还不清晰的女儿就会自豪地拉着客人的手，满客厅地指着画说："这是宝贝画的！"客人都会问问她画的是什么，女儿眼睛里就闪烁着自信的光。借助女儿的那些涂鸦作品，一下子就使家里洋溢着欢乐的气氛。

当然，为女儿展示作品，并不是为了向客人炫耀，而是我家庭美育的一种方法——赏识教育。把孩子的画挂起来，其实也表达了父母对孩子的肯定和重视，她就会知道：画画是好的，妈妈很在乎！孩子也就会用心去做。有时候，我还会买一个画框把孩子的画装裱起来，慢慢培养孩子的"作品意识"，让孩子感觉到自己的画也可以装饰房间，和画家的作品一样具有欣赏价值。通过家庭展览的小小平台，慢慢培养起了孩子对绘画的热爱、自信和自豪感。

随着一天天地进步，孩子能清晰地看到自己的变化，家长也能认识到孩子的进步是循序渐进的。孩子看作品时，也是对自己意识思维的一个整理，是一种分析习惯的养成；而且，孩子画画是在近距离完成，如果把作品挂起来，就拉远了看画的距离，能使孩子整体看到自己画的全貌，这更容易使孩子发现自己存在的问题。

在家里开辟出一面墙给孩子作展览，也是给孩子提供一个展示自我的机会，可以提升孩子的表现能力。因为，有展示就会有交流，这种交流能非常自然地锻炼孩子的沟通能力和表达能力。如果条件成熟，还可以给孩子在家中举行家庭画展，邀请邻居、小朋友和幼儿园的老师来参观画展，让孩子自

---

① 缪建东主编：《家庭教育》，北京师范大学出版社2015年出版，194页。

己做小主持人，介绍自己的画，那更能锻炼孩子的表达能力，培养孩子的绘画热情。

在家里给孩子展示的空间，就像给孩子一个施展的舞台，让孩子从家庭展览开始，走向学校展览、社会展览，让孩子通过作品的展示，能够更加自信、自豪，更加热爱艺术，在赏识中得到更好的进步，并能让孩子在表达沟通中完善自我综合素质。[①]

除了以展览的方式鼓励孩子有绘画的自信心，家庭美育的方法还有很多：父母和孩子一起翻看大师的绘画和摄影作品，借助欣赏作品，就像与艺术家有了一次“对话”；还可以带孩子一起去看美术展，让孩子了解不同绘画风格的画家，孩子也因此知道可以按照自己的感受和方式去创作；在家中和孩子一起做艺术餐，把美的创造融合进家庭生活中；还可以给孩子选择极具美感的影片，提升孩子的心灵，培养孩子的视觉美感，父母和孩子一起享受视觉和精神的快乐，度过美好的时光。

（四）在美的互动中成长

家庭中的美育，不仅有家长的主导作用，往往更多的是在全家每一个成员的互动中进行的。在家长的带领下，兄弟姐妹相互激励，会产生一种巨大的无形的影响力量。古今中外不乏这样的先例，尤其是艺术世家，更被世人传为美谈。

下面仅举两例：

张氏四姐妹，也称张氏四兰，是20世纪20年代苏州乐益女子中学校长张冀牖的四个女儿。张氏原籍安徽合肥，家居苏州，祖上系清末合肥籍的淮军首领张树声。因其父母酷爱昆曲，遂特请家庭曲师为子女们拍曲，而最有成就的是四个女儿（儿子张定和亦擅曲）。其中大姐张元和，即与小生名角顾传玠恋爱而结为伉俪（后旅居美国）；二姐张允和，是著名语言文字学家周有光的夫人；三姐张兆和，是著名作家沈从文的夫人；四姐张充和（小妹），是美国耶鲁大学著名汉学家傅汉思教授的夫人。姐妹四人情系昆坛，毕生为昆曲事业而奔走，不遗余力。

① 苏清华：《家庭美育，给孩子一个展示的舞台》，《现代教育报》2015年11月20日。

1986年，元和与充和从美国归来，四姐妹在北京团聚，并与京中曲友一起唱曲。80岁的元和与73岁的充和参加了纪念汤显祖逝世370周年的舞台活动，并联袂演出《游园》。1990年9月30日，上海名流秦瘦鸥（小说《秋海棠》作者）评说“张氏四兰，名闻兰苑”，这确是知人之论。

张冀牖酷爱昆曲，早早就延请全福班名伶尤彩云为她们拍曲授艺。大年初二在父亲的书房中学昆曲，几个小姐自然耐不住性子，吵着要上后花园。父亲从不向孩子发脾气，好言相哄：“你们好好学昆曲，以后我替你们做花花衣服上台演戏多好玩！”懂事的大姐摁住两个妹妹坐下来，挺直腰板，两腿并拢，双手规规矩矩放在腿上，脖子梗梗地挺着，小眼睛直直地盯着老师，一板三眼，一板三眼——唱——，咦！蛮有意思的。

花园中的花厅成了三姐妹的戏台。拿来母亲的梳妆盒，敷粉、抹脂、点唇，像模像样地把母亲的丝帕围在腰间，花团锦簇的三姐妹粉墨登场，看客是父母、老师、奶妈、佣人。不用分工，眼眉间的表情就注定了每个人的角色，元和的端庄、允和的精干、兆和的顽皮，戏里戏外，从此一生都难有角色的转换。戏剧人生，人生戏剧，从姹紫嫣红的花厅开始。

昆曲成了四姐妹终生的爱好，甚至决定和影响了她们的婚姻、事业。

三、家庭生活之美

舒适自然的打扮，其实才是对个人生命最大的认识和尊敬。

——三毛《背影》

（一）衣之美

穿衣，日日夜夜伴随着每一个家庭成员。作为家长，通过穿的知识的学习，通过穿的规律的探索，使自己和孩子做到穿得舒适自然，穿得得体大方，这一过程就是在培养孩子对美的思考及实践的过程。

我的一名“三阶成师·礼仪师资认证”学员，曾经和我讲到她和孩子是这样相处的。

一天早上，她和孩子商量：“宝宝，你已经四岁了，可以自己选衣服、穿衣服了。”

听到这里，孩子很好奇并高兴地忙了起来。

孩子将衣柜翻得乱七八糟，他的妈妈却开心地鼓励着：你是要选这件上衣吗？那么，这件上衣配哪条裤子好看呢？

很快，衣柜狼藉一片，在母子的笑声及交流中，孩子不但选好了衣服，还将衣服穿在了自己的身上。

这时，妈妈说道：“宝宝，我觉得这件上衣和裤子的颜色搭配得不太好看呢！”

孩子听后，上下打量着自己身上的衣服，回答道："妈妈，你看！上衣是红色的，裤子上也有红色，很好看呢！"

妈妈听后，看着儿子问道："你老厉害了！是谁教你这样做的？"

"哈哈哈……妈妈，你忘了吧，你就是这样穿的呀？"

我的这位学员很懂得家庭美育的策略，一是家长垂范的作用，二是放手让孩子进行尝试。

1. 家长须做好垂范

在孩子成长的过程中，尤其是小时候，家长是他们崇拜的偶像，他们认为家长的一切都是正确的。

在孩子成长的过程中，尤其是小时候，他们的模仿能力十分强。所以，孩子会将我们作为榜样，模仿我们如何说话、如何吃饭、如何穿衣，等等。

面对穿的美育，做好垂范的前提是我们要懂得穿的知识和规律，建议大家完成以下功课：

第一，掌握服装的款式与场合的关系。

在我们的一生中，经常面对的场合基本有三种：正式场合、社交场合、休闲场合。

图3-1

图3-2

正式场合的服装款式，要庄重大方（图3-1）；社交场合的服装款式，要典雅端庄（图3-2）；休闲场合的服装款式，要舒适方便。

第二，服装的色彩及色彩搭配。

不同颜色的服装，有的穿在身上会为我们服务，起到提神、美丽的作用；有的穿在身上效果则相反。所以，选择适合自己的颜色很重要。其方法是：在购买服装时，多尝试几种颜色，观察哪种颜色能更好地服务于我们。

此外，还要了解色彩的搭配方法。

色彩搭配的基本方法有：同色系的搭配，例如：橘色的上衣与金黄色的领花。邻近色的搭配，例如：黄色与绿色搭配的丝巾。对比色的搭配，例如：绿色外搭与红色裤装的搭配。中间色的搭配，例如：中间色如黑色、灰色、白色，与其他颜色的搭配等。

如果再了解一下服装的面料、图案以及适合自己体貌特征的服装是什么，我们会因比较全面地掌握了服装的各方面知识，最终做到穿得既和谐又美好。

2. 养成良好的穿衣习惯

养成良好的穿衣习惯，需要从下面两件事情做起。

第一，不随便穿。在每一次穿衣服前都要思考：今天，我们要出现在什么场合？场合的布置有什么特点？在那个场合我们扮演的是什么角色？以此作为选择服装的依据。

第二，为了防备早上时间紧张，建议大家在前一天入睡前，将第二天需要穿的衣服准备好，以避免因早上忙乱而穿错衣服。

在多年的礼仪师资教学中，为了给来自全国各地的学员留下认真、专业的良好形象，我一直坚持这样做，不但引来大家欣赏的目光，还能给自己带来愉悦的心情。同时，还使大家清晰地认识到：作为教育工作者，着装应恪守的规范及标准。例如：课余、晚间嘉年华时的服装（图3–3）；课上、课程进行中的服装（图3–4）。

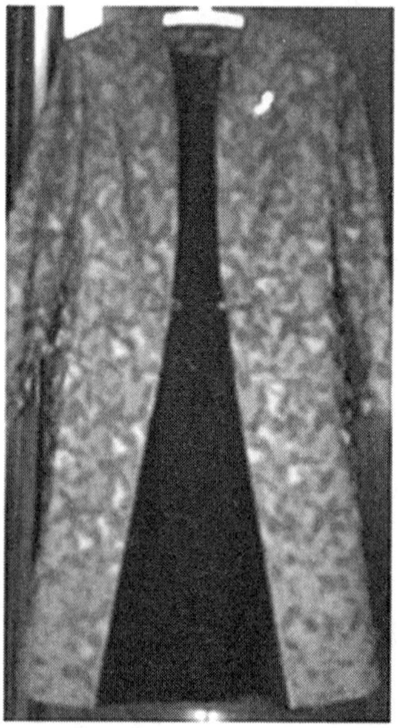

图3-3

图3-4

相信，当作为家长的我们养成这种习惯时，不但使孩子清楚了着装的规律，还能使孩子养成良好的生活习惯。

所以，家庭美育——穿，要先从我们自身做起。让我们一起努力！

3. 放手让孩子进行尝试

“毫无疑问，一个人以后美感和情感的发展，在很大程度上取决于儿童时期对审美能力的培养。”[①]

家长应该放手让孩子自己进行尝试，建议大家从以下三个方面做起。

（1）要改变观念。

家长要不嫌麻烦并尊重孩子的能力。

我熟悉的一位家长，她的孩子已经上高中了。很遗憾，从孩子出生至今，她表达爱的方式是包办孩子的一切。

让大家不能理解的是，每天，她坚持给孩子洗脚，这件事情她已经做了17年。

① 〔苏〕苏霍姆林斯基：《学生的精神世界》，教育科学出版社1981年出版，66页。

当大家问起为什么要这样做时，她回答道：担心家里的木地板，在孩子洗脚时，盆里的水溅到地板上，不但容易毁了地板，孩子洗完脚，还要擦地板。太麻烦！

估计，在孩子的穿衣问题上，一定也是这位家长在打理。

如果是这种观念，这个孩子什么时候才能建立正确的“穿”这一概念。

我们要像文章开头所引用案例中的那位家长学习。

那位家长为了培养孩子什么是“美”的概念，孩子虽然将衣服扔得遍地都是，那是孩子在成长，她的内心是幸福和得意的。同时，这也是对孩子的一份信任，因为，她相信孩子在思考与行动的过程中，可以掌握服装的相关概念，还能培养孩子的审美能力。

（2）要创造条件。

首先，在孩子4~5岁时，就要让孩子参与购买服装。这里，既包括孩子选择自己的服装，也包括孩子帮助家长选择服装。

“经验证明，善良之情应当在童年扎下根来，而人性、仁慈、抚爱、同情心则在劳动中，在爱护和关怀周围世界的美中产生。”①

在这一过程中，不论孩子给出的是正确的还是错误的建议，都要因孩子参与其中而给予肯定。这一肯定的价值是，孩子因我们的肯定而愉悦，从而乐于思考，乐于继续参与。

所以，孩子最初的参与，我们并不是期待孩子有正确的概念，而是尊重孩子、相信孩子，向孩子传递一种思想——穿衣是他自己的事情，他有权利、有责任做决定。

第二，和孩子一起做游戏。

任何一个家庭，都有报纸、杂志、画报等资料，我们可以和孩子一起将这些资料上与服装相关的画面剪下来，和孩子一起玩拼图游戏，以使孩子在游戏中动手、动脑，逐步建立概念。

第三，鼓励孩子自己动手。

成人每晚入睡前要将第二天的衣服准备好的做法，照样适合于孩子。相信，

① 〔苏〕苏霍姆林斯基：《学生的精神世界》，教育科学出版社1981年出版，63页。

这种做法坚持一段时间后，孩子会因每天的重复而逐渐掌握服装知识及规律。

我相信，家庭美育——穿，在我们掌握了服装知识、在我们拥有了正确的观念、在我们放手让孩子自己完成中，一定得以实现。

（二）食之美

告诉我你平时吃什么，我就能说出你是怎么样的一个人。

——《厨房里的哲学家》〔法〕布里亚·萨瓦兰著

《父母课堂》杂志的文章《等你一起吃》中写道：“我曾经给安朵讲过一个故事：一个小孩子手里拿着橘子问他的妈妈，‘为什么橘子里的果肉不是一整块，而是要分成一小瓣一小瓣的？’妈妈说：‘那是橘子在告诉你，生活的甘甜和幸福是用来和大家一起分享的。再甜的果肉，一个人吃有什么意思？大家一起吃才有意思。”①

这位妈妈面对孩子好奇的问题，聪明地回答了怎样吃橘子才是“甜美”的，以及做人的道理。这一故事还告诉我们，家庭美育，无处不在。

面对家庭美育——吃，从食材的选择到做好一顿饭菜以及全家人围坐在一起享受它，甚至是饭后的清理，全程都应该是美好灿烂的，都是家长与孩子通过交流，使孩子建立美育概念及行为习惯的过程。

1. 和孩子一起选择食材

每个周末，小楠都会和先生带着孩子一起出门采购。

采购中，在选择蔬菜时，夫妻俩会询问孩子：“你想吃什么蔬菜呢？自己选一个吧。”

在选择肉食时，夫妻俩也会询问孩子：“有牛肉、猪肉、鱼，你想吃什么呢？自己选一个吧。”

不论孩子选择了什么，夫妻俩都会不失时机地告诉孩子，他选的东西对人有什么益处，甚至告诉孩子物品的价钱。

同时，当孩子选择了物品之后，如果有必要，夫妻俩会给孩子讲解牛是怎样

① 饶雪莉：《等你一起吃》，《父母课堂》2017年第10期。

长大的？青笋生长在哪里？土豆对人的健康有什么作用？常吃什么食物会有利于长个等。

在这一过程中，孩子不但增长了知识、认识了食物的美，还清楚了食物和自己的关系。

在这一过程中，孩子因自己和父母平等，拥有选择的权利，而获得了满足。

在这一过程中，一家三口和谐、幸福。

在这一过程中，孩子的心智得到发展和快速成长！

家庭美育——吃。平等对待孩子，使孩子参与其中是美育的基础和关键。

2. 和孩子一起烹饪

我们要讲的还是小楠一家。

过去，小楠认为有意识地安排孩子参与选择食材就够了，烹饪比较复杂又危险，要让孩子躲得远远的才好。

后来，小楠通过学习提高了认识，决心引导孩子逐步参与不同难度的烹饪。因为这样做，不但孩子受到锻炼，而且由于能力提高，反而能够避免危险。

从此，每一次在家做饭时，小楠都会有意识地安排孩子做力所能及的事情。

一个周末，小楠夫妻在包饺子。此时，孩子走了过来，他拿起一个面团玩了起来。

小楠发现孩子对面团感兴趣，就与孩子商量道："你和妈妈一起擀饺子皮，让爸爸来包饺子，好不好？"

孩子听后高声地答应着："好！"

在全家一起包饺子的过程中，小楠问孩子："宝宝，你知道饺子是怎么来的吗？"

孩子边低着头擀饺子皮边回答道："是怎样来的呀？"

小楠笑着回答说："很久以前，有一位名医张仲景爷爷，把羊肉和药材放在锅里煮熟，将羊肉和药材捞出来、剁碎，再放到面皮里。"

听到这里，孩子停了下来，抬起头看着妈妈。

小楠发现孩子有兴趣后，十分开心，继续说道："对！就是你擀的这样的面皮呀。"

孩子看着手里的面皮问道："我们今天要包的是芹菜馅，那位爷爷包的是羊肉和药材，那之后也要放锅里煮熟吧？"

小楠回答道："是呀！张仲景爷爷将它放锅里煮熟后，请生病的人吃掉，你知道结果是什么吗？"

孩子大声喊道："病好了！"

据小楠说："那一天，孩子不但吃了许多饺子，还边吃边说：'这个皮是我擀的！'"

小楠还说："孩子在幼儿园，遇到吃饺子时，还曾经将饺子的来历讲给小朋友们听。"

其实，孩子擀的饺子皮几乎没有一个能派上用场。但小楠夫妻因势利导，对孩子进行了"吃"的美的教育。

所以，家庭烹饪，完全可以给孩子安排力所能及的事情，在完成的过程中有意识地发现契机并施教。

3. 和孩子共享成果

与孩子共享美食成果时，我们还需要将餐桌礼仪规则分享给孩子。

（1）让孩子知道坐在哪里。

家庭用餐，未必要求孩子必须按照位次规则落座。但是，要让孩子了解规则是什么。

这样做的好处有两个方面。一是家里来客人或长辈时，孩子能够按照规则招待对方；二是一旦孩子走向社会，他会因清楚规则而进退有度，大方得体。

家庭用餐，在餐桌面对房门时，面对门的正位是尊位；在餐桌面对电视时，面对电视的正位是尊位；在餐桌距离背景墙比较近时，背向背景墙的位置是尊位。

（2）让孩子知道什么时候动筷子。

在没有特殊情况的前提下，要告诉并培养孩子的好习惯：要和爸爸妈妈一起用餐。中国很多家庭有一个很好的传统——第一个动筷子的应该是年龄最大的，或者今天做饭最辛苦的人，之后大家才开始进餐。

（3）进餐时要做到“三不”。

不挑食、不吧唧嘴、不翻动饭菜。

其实，让孩子养成不挑食的习惯比较难。建议家长选择比较科学的方式，动脑筋帮助孩子养成好习惯。

比如：小楠的孩子爱吃肉，不爱吃菜。

此时，我们可以告诉孩子，蔬菜可以补充人体需要的维生素等。但是，这种抽象的字眼往往很难引起孩子的注意。

小楠的做法很奏效，她的儿子喜欢玩“乐高”。所以，她常常因此和孩子达成共识。比如：她会和孩子商量，“你用勺子舀三勺蔬菜，如果能吃得干干净净，饭后就能够玩半小时乐高。好不好？”

面对这样的约定，孩子会痛快地接受。

久而久之，就餐中要吃蔬菜就会成为习惯。

就餐，因愉快而美好，这种美好来自于餐桌规则意识的建立和好习惯的养成。

4. 和孩子共同清理

就餐结束后，要让孩子和家长一起清理餐桌。

有一次，我因有事前来拜访小楠。

进门后，发现一家三口刚刚结束用餐，她的孩子手里拿着一个盘子走向厨房。

我很少看到一个4岁的孩子，会在家里帮助爸爸妈妈干家务活，便夸赞道：“这孩子真乖，还能帮着干家务。”

听到夸奖，小楠先开口了：“他可爱干家务了，经常抢着干！”

小楠的话音刚落，孩子开口了：“什么是家务？是把盘子送到厨房吗？”

孩子不熟悉我们的语言，但孩子很快乐！因为孩子参与了这一过程并得到家长的肯定。

在“家庭美育——食”这一节中，我们会发现，当所有的家长有意识地让孩子参与全过程，并因势利导帮助孩子时，孩子就会在“食”的过程中收获满满。这种收获，不论是对食物的选择和品尝，还是和家长共同拥有平等的权利……都会使孩子因参与而成长，因参与而美好！

（三）住之美

橘生淮南则为橘，生于淮北则为枳，叶徒相似，其实味不同。所以然者何？水土异也。

——刘向《晏子使楚》

环境美对人的成长影响极大。“橘生淮南则为橘，生于淮北则为枳，叶徒相似，其实味不同。所以然者何？水土异也。”环境对人的熏陶，日积月累，点点滴滴，为人生打下重要的底色。

1. 家居环境是美育的第一堂课

孩子诞生到世间，最先接触的父母就是他的第一任教师，他会从父母身上学习怎样做人、怎样互相关心，并开始认识世界。而最先看到的家庭环境，就是美育的第一堂课。

环境是无声的教育。环境静静地待在那里，虽然没有语言，却潜移默化地产生着深刻的影响。

所以，家长应该一方面对外部环境要学会选择，另一方面对内部环境要自主建设。

外部环境，我们没有办法左右，但是挡不住我们可以选择。古人“孟母三迁”，就教导我们要主动地选择环境。居住小区的生态环境、社区文化、城市建筑风格，都是环境选择的重要条件。我们居住的环境，是不是经过认真的设计，绿树成荫，小桥流水；是否有文化生态建设思考，是否有图书馆、运动场？都马虎不得。

对内部环境，我们就可以以主人的身份，大胆进行自主建设。

（1）家居环境。

要使孩子生活在美的世界里，首先是家居物质环境，要清洁、整齐、明亮、温馨、宁静。而且要经常变换，莹莹绿地，欣欣花草，新颖、鲜明，有利于发展孩子的审美知觉。

其次是心理环境，这往往是一些家庭忽视的问题。为什么在舒适的房间里，有的孩子感到紧张、终日闷闷不乐？那是因为用应试教育的观念在压迫孩子，剥夺了他们的童年欢乐。

（2）家庭装饰。

家庭中的布置，购买什么款式的家具，包括服装和饰品，也反映了审美取向。布置应该简洁、大方；家具应该舒适、朴素、美观；装饰应该优美、富有个性。因为人是世界上最美丽的，因此，穿着应当突出人的美、衬托人的美。①

家庭的居所，应该处处体现出家庭的文化传承。例如，家训、家规、家史、传家宝的内容应该有所展示。林则徐对自己严格要求，写出的“制怒”条幅挂在堂屋，随时提醒自己，既是很好的家庭教育内容，也是一种含蓄的环境美。

古时候，许多知识分子都为自己的居室起了寓意深远的名字，寄托自己诗意的梦想。

“老学庵”。这是南宋著名诗人陆游的书斋名，语自“师旷老而学犹秉烛夜行”。陆游一生以坐拥书城为乐，“万卷古今消永日，一窗昏晓送流年。”“老学庵”表达了诗人活到老学到老的决心和信念，因此，他将自己晚年的作品结集成了《老学庵笔记》。

“饮冰室”。这是近代学者梁启超的书斋名，位于天津市内。“饮冰”一词出自《庄子》“今吾朝受命而夕饮冰，我其内热欤”，意喻自己忧国忧民之“热”，饮冰方能“消暑”。梁启超临危受命，变法维新，面对国家内忧外患的煎熬，内心焦灼可想而知。在这间书斋里，他完成了《饮冰室合集》。

“绿林书屋”。现代文学家、思想家鲁迅先生支持学生爱国运动，而被一些反动文人诬陷为“学匪”。鲁迅先生针锋相对，遂把自己的书屋“俟堂”

① 〔苏〕苏霍姆林斯基：《学生的精神世界》，教育科学出版社1981年出版，201页。

更名为“绿林书屋”。这间书屋，体现了鲁迅先生“横眉冷对千夫指”的大无畏的战斗精神。①

2. **提倡建立美丽角、艺术角、思想角、图书角**

家庭居室的使用面积可能不是很大，但是如果设计得好，有孩子的一个小天地，都会成为家庭美育的重要平台。比如，建立美丽角、艺术角、科学角、思想角、图书角，就是很好的方法。

引导孩子亲自种一盆花，成为自己的“美丽角”，并且天天为它操劳。收集图书，装进宝箱，成为自己的“图书角”，每天在那里和伟人对话；窗台安排自己的艺术品，成为“艺术角”，在那里得到美的享受；柜子里有一个“科学角”，在那里孕育着发明创造；一个不起眼的小圆凳，有可能成为孩子的“思想角”，在那里，孩子浮想联翩，发展着自己的思维和想象力等。

我们家庭的庭院，尽管不宽敞，但只要精心设计、努力经营，就会使孩子早期受到良好的美育。

我国著名作家老舍一生爱花、爱清洁、爱整齐、守秩序，这种良好的个性品质就是儿时生活环境熏陶的结果。老舍自幼和母亲生活在一起，他的母亲爱好树木花草，在小院里种植了枣树、石榴、夹竹桃。母亲年年浇花除草，老舍就在一旁跟着学。

母亲特别爱清洁，天天把院子打扫得干干净净，把桌椅、碗杯擦得锃亮。老舍受此影响，一直到晚年都保持着自己动手收拾屋子、取水浇花的习惯。他穿衣服不求质地，只求整洁，写的稿子也总是清清楚楚、整整齐齐。

后来，老舍回忆说：“从私塾到小学，再到中学，我经历过起码有百位教师吧，其中有给我很大影响的，也有毫无影响的，但是，我真正的教师、把性格传给我的，是我的母亲。母亲并不识字，她给我的是生命的教育。”

当然，母亲不是凭空把性格传给老舍的，她是通过美化老舍儿时的生活环境，一点一滴作用于老舍的。

① 钱国宏：《雅室书砚香》，《中国社会科学报》2017年11月12日。

文艺复兴时期意大利杰出诗人但丁有过一段名言，他说："要是白松的种子掉在英国的石头缝里，它只会长成一棵很矮的小树；但要是它被种在南方肥沃的土地里，它就能长成一棵大树。"我们的孩子就是未来人才的种子，每位家长当然都希望孩子长成一棵大树。所以，家庭环境就不是简单的遮风挡雨的处所，需要有正确的环境美的思考与设计。

3. 建议把一面墙交给孩子

家庭其实并不缺"空间"这个物质条件，在家庭中，能不能给了孩子空间，关键是家长头脑里有没有这个意识。比如，每个家庭至少有一间房，房子总有四面墙，问题是家长愿不愿意、能不能交给孩子一面墙，由孩子自己使用？

有的家长会惊恐地说："哪敢给啊！现在的孩子就是到处乱画乱写，难看得很……"这就是问题的根源，为什么孩子乱写乱画？因为家长没有给他空间，缺少成才的客观条件啊！如果大胆地交给他一面墙，可以展示他自己创作的作品，也可以悬挂他所崇拜人物的图像，甚至是把墙壁装点得像美丽的夜空，幻想着自己在太空中遨游，都应该表示支持。家长可以当裁判、当欣赏者，这样孩子的写画能力才能慢慢提高。如果家长一味地担心孩子水平低，装饰墙壁总是自己动手，天长日久，家长自己布置家庭环境的水平可能会越来越高，但孩子却永远不会布置自己的居室。

如果想让孩子养成做事有条有理的习惯，那最好给他一张书桌，要求他自己管理好。即使不能给他一张桌子，也应该给他一个抽屉，供他全权使用，当然，同时要求他把里面的文具、书本整理干净、整齐。总之，先要给予孩子空间，这样他的责任感、独立性才有条件得到发展。

著名的《最后的演讲》主人公鲍许教授的崇高境界，感动了千千万万人，回顾他的成长过程就会发现，他小时候就不断得到家长给予的许多空间。

兰迪·鲍许是一位科学家，一位热情、风趣且教学认真的美国大学教授，在46岁时被诊断出罹患死亡率最高的癌症——胰腺癌。翌年（2007年）10月，医生说他的癌症已转移，可能只剩下3~6个月的生命。鲍许教授应学校之邀发表了一场演讲，这场演讲让现场所有人笑声不断，也让不少人潸然泪下。

据美国《纽约时报》报道，至少已有1000万人上网观赏了这场演讲的内容。《华尔街日报》专栏作家杰弗里·让斯罗先后53次采访了鲍许教授，写成了精彩丰富而令人动容的《最后的演讲》。

在著名的《最后的演讲》一书中，可以看到兰迪·鲍许教授在中学时代，居然在家长的支持下，在自己卧室的四面墙上画满了他喜欢的东西——一个一元二次方程、银色的电梯门、有尾翼的火箭、“白雪公主”的魔镜潜水艇、潘多拉的盒子……

几十年来，这间卧室从来没有粉刷过，它成了来访客人参观的焦点。“人们不仅认为这卧室酷极了，而且认为父母允许孩子在卧室里画画也是很酷的。”

鲍许教授在书中回忆道：“我不知道我还能再到自己儿时的卧室去几次，但每次回去都像是得到了一份大礼。我仍然睡在父亲为我做的那张双层床上。我在入睡时，看着墙上那些疯狂的涂鸦，回想起我的父母让我绘画的一幕幕场景，感到非常幸运、非常快活。”

为这位科学家的《最后的演讲》写序言的李开复，在序言中记述道：他11岁的女儿说：“我可以去画我房间的墙壁吗？”我提醒她：“你小时候画得还不够吗？”她吐吐舌头说：“我知道。谢谢你以前让我画。”

我虽然经常在讲座中提倡家长要给予孩子空间，但在其他场合，我一直没有发现哪一位家长敢于给孩子一面墙，让孩子在上面涂鸦。直到今年，我才第一次听到北京市门头沟大峪二小的一位教师有过这样的勇气。这使我遗憾地想到：这是不是中国孩子创造性不如美国的一个原因呢？

（四）行之美

行千里路，读万卷书。

——中国格言

中国古时候就有“行千里路，读万卷书”的格言，可见行之重要。

有学者说：旅行会改变人的气质，让人的目光变得更加长远。在旅途中，你会看到不同的人有不同的习惯，你才能了解到，并不是每个人都按照你的方式在生活。这样，人的心胸才会变得更宽广，我们才会以更好的心态去面对自己的生活。

现代社会的行之美，有哪些表现出审美呢？

让我们看看陶勇老师的亲子之行——

2013年暑假，陶勇和孩子从北京骑行泰山，全程600千米，历尽各种困难，包括烈日、下雨、爆胎、断路，最终安全成功到达目的地。在之后的两年中，孩子已经由一名叛逆的、不在乎学习的小孩转变成了一个有理想、有目标，敢于行动的好学生，从高中的普通班进入尖子班。这两年来，陶勇一直在观察孩子的变化，思考这些变化，有一些感悟可以分享给大家。

1. 亲子骑行，是一次亲子关系深刻变化的旅行

随着孩子年龄的增长，社会化是成长的重要目的之一，孩子会慢慢远离父母的世界，更愿意拥抱外面的世界——他们的同学、朋友、老师、偶像……心灵在呼唤他们走出去，但是他们的身体还会留在家庭里面，所以免不了会给家庭带来很多的困惑。比如，父母还会把孩子当成小孩子来抚养，甚至管控。再加上学校和老师对孩子成绩的索取，这种压力会传递给父母。很多父母没有办法，就会简单地去要求孩子。

在这种情况下，亲子关系就会出现一些问题，家庭冲突时有发生。在一些生活和价值观比较单一的家庭，父母和子女的沟通仅限于学习这个领域，其他方面竟然无话可说。父母的感情无处释放，于是就会浓缩在学习沟通这个方面，对于孩子来说，是非常难以接受的。倒不是说，他们天生讨厌学习，如果有的话，恐怕也是父母过度的爱释放在学习方面让他们不堪重负。最重要的变化，是孩子对

于父母索取学习结果的过程不满——主要是沟通的态度和方法，以及无处不在的被控制感，这是他们要反对的，唯有通过对父母的否定，来完成心理的脱缰，从而真正走向独立。

这是一个困境，甚至是一场苦难。这个阶段，很多孩子变成了问题孩子，根据“问题孩子出自问题家庭”的观点，很多父母就自然升级为问题父母。整个家庭陷入困境，没有人是赢家。

曾经还有一个老总，也是遇到了这个困境，甚至孩子都不愿意去上学。了不起的宋怀烈老师就开了一张方子，带孩子出去骑行一周，能走多远走多远。

奇迹真的出来了，孩子回来后，啥事没有，变得懂事了，变得通情达理了，变得可以有一些顺从和承担了。

2. 亲子骑行扩大了一个人的舒适圈，让我们更有能力应对

在长途骑行中你会发现，坚持一件事情并没有那么难。比如，原来你骑行10千米，觉得挺累的，那么你骑行100千米，可能只比10千米累一些，但是绝对不是10倍。这是一个惊天的秘密，打破了我们常规的思维模式，只有亲自去体验后，你才会发现，这没有什么大不了的，所有人都能够应对，而且是不痛苦、有意思地应对。

如果你真的一天骑行了100千米，而且感觉没什么大不了的，那么以后，一个骑行50千米的任务，对你来说是不可逾越选择放弃呢，还是可以笑着去把它完成了？别忘了，对于其他人来说，他们习以为常的极限可能就是10千米！

这就是我们被麻醉了的舒适圈，被扩大之后，将会带来的巨大意义，这个意义可能会与未来的成功有关。

3. 亲子骑行是一次有关目标、计划、执行的训练

每天100千米，对于一个不经常锻炼的人来说，是一个巨大的心理挑战，对身体来说，也会带来巨大的震撼。正如我们所追逐的梦想一样，它似乎总是远在天边，遥不可及。

但是，当你真正实践过，那么你会发现，遥远的目标完全可以通过不断的前进来实现。比如100千米，你只需要一直向前、向前、向前，那么肯定会到达。

你身体棒、耐力好，可能提前一个小时到达。你很少锻炼、耐力不好，可能需要多花一个小时到达。但是，只要方向正确，你一定可以到达。这种体验会给我们带来非常多的启发——大多数事情，都是可以通过简单的坚持就能取得成功。

对于初次入道者来说，对于骑行新手和“菜鸟”来说，100千米是不可以一口气到达的，那么，你就要根据自己的体力来计划，你才有可能真正坚持下来。比如，可以设计一些里程碑，每到达一个里程碑即可歇息。所以，我们当下的目标是下一个里程碑，而这个里程碑，可以通过稍加努力和坚持实现。当一个一个的里程碑完成后，100千米的目标也就完成了。

多么了不起的体悟！这虽然可以用数学的线段来抽象学习，但是没有体验，怎能认可它的意义呢?

4. 亲子骑行是一次生命的高峰体验，是一次自我教育的好时机

一个一个里程碑的突破，一个一个的百公里被征服，一个一个未知的挑战被战胜，这种感受就是马斯洛所描述的高峰体验：“感受到一种发至心灵深处的颤栗、欣快、满足、超然的情绪体验。”正如宽高教育王金战老师分享的一个后进生变成好学生的最佳途径就是不断体验成功的感受一样，骑行路上的高峰体验，也是让一个普通人通过不断体验成功的感受，进而变成一个了不起的自己的过程。

这个过程，对于孩子来说，他们非凡的经历以及超越常人的成就，会让他们不会再为一些小事而不能释怀，会让他们目标远大， 拥有更多的毅力和自信心，那么自然就会比过去的自己更加优秀。

骑行是快乐的，因为你总能看到不一样的风景。骑行同时也是艰苦的，特别是当你在烈日下长途骑行了一天时，最后10千米变得有些艰难。在我们骑行的路上，总是需要我们在最后10千米的路上付出更多的坚持，正如一句古文所云：行百里者半九十。有时候，真的特别想放弃，但是因为你没有其他选择，所以必须要坚持，或许这真的是很多事情的成功之道。这时候，就特别需要两个人一起互相鼓励，甚至幻想如果我们正在骑一辆摩托车就好了，或者前面是一连串下坡就好了。

所谓自我教育，就是在面对这个纷繁复杂的世界的自我应对之策。在长途

骑行的过程中，必然会遇到非常多意想不到的问题，比如，道路的中断、天气的骤变、骑行路线的安排等。甚至还有一些非常细节的事情，比如，忘记带什么东西、对路途补给的准备、衣服洗了干不了的问题、住什么样的地方、里程碑的设计等。很多事情，你不大容易通盘考虑周全，你也不应该把所有事情都考虑周全。我们希望孩子能够在这些问题呈现出来之时，一起思考和面对，寻找解决之道。这个过程，就是具有生活实践意义的学习和成长，是对认知进行综合加工后的创造性思考，是超越知识碎片模式的学习。成长无小事，正是因为对小事的不断思考和探索，从而深刻领悟万事万物的运行规律，转化为固有的智慧。只有如此，才能构建起真正的能力，从容应对未知的挑战。难道这不正是我们梦寐以求的成长吗?

陶勇老师和孩子的长途骑行，美在何处?

长途骑行包含了美的四个要素：一、体现了人的本质，父子俩的主体性、自我教育得到了发挥；二、劳动创造了美，艰苦的骑行得到了美的体验；三、骑行是采取了自由的形式和自由的内容，自由自在地捕获美景，获得自由自在的美感；四、父子双方都感到十分愉悦。

5. 行之美来自家长的高瞻远瞩

“三次换车的故事”也可以使我们从另一角度——从长远的眼光看一看，明白什么是行之美的关键。谁都知道“行千里路，读万卷书”的价值，但是如果没有一位高瞻远瞩、敢于实践的家长，这些永远只能是一些美好的憧憬。

一位小学生的家长回忆道：

> 我的小佳刚生下来的时候，家里条件很不好，住在一个十二三平方米的平房里。那个院子也是那么小，本来不大的四合院，又盖起了好多小房子，一眼看不了多远。
>
> 我们院里也有一个小孩，跟小佳差两岁，那个小孩是他奶奶带着，平时没有什么活动，要不站在大门口，要不站在大马路上，显得有些呆，我想是因为没有一个活动空间。
>
> 于是，孩子生下来不久，我就买了一辆小三轮，有时间就蹬上小三轮带

她去公园。那时候看的东西特别多，她看到花儿、草儿跟在家里就是不一样，所以特别愿意出去。就盼着我回来，所以我们老出去玩儿。孩子不到1岁的时候，我们基本上都是这样生活。这点我觉得没白努力，后来发现她的思路就开阔得多。

她1岁多的时候，1997年，为了让孩子更开阔眼界，我买了一辆奥拓，7万多块钱。当时我们经济也不是特别富裕，是咬牙买的。我每个星期六、星期天都带着她去玩儿，北戴河、天津、塘沽等地方，反正只要能够开阔眼界，就去。我觉得随着我们活动半径增大、活动次数增多，孩子思维的活跃程度和处理问题都不一样了。

最特别的是，她跟别的小孩在一起时，她会说：爸爸我给你提一个问题。我觉得这种情况其他孩子很少，张文佳是没完没了地问。……我那时候确实是有意识把小孩的活动范围扩大，让她视野开阔，我说不清这里的道理，但是……

这辆车我用了7年，这7年我觉得价值特别大。我今天下午准备把它卖了，买辆更好一点的车……

这位家长花了7万元，用了7年时间，换回来的是孩子开阔的眼光，是孩子的幸福时光，是孩子的不断成长！若干年后，孩子长大了，一定会感谢这位高瞻远瞩的父亲，感谢他给了她终生难忘的美好生活。

四、家庭关系之美

孩子的发展能力取决于父母的发展。存在于现存社会关系中的一切缺陷是历史地产生的，同样也要通过历史的发展才能消除。

——马克思

（一）夫妻关系之美

夫妻关系是家庭所有关系中最重要的关系！——这是许多家庭教育工作者和广大家长多年实践得出的一个重要结论。

最初，许多家庭把亲子关系放在第一位。以为只要夫妻都是全心全意爱孩子，亲子关系好了，夫妻关系自然就会好了。夫妻俩为了孩子安心准备高考，暂时把双方的矛盾压下来。其实，效果恰恰相反，如果夫妻关系不和，又不积极去解决，明里暗里、自觉不自觉地都会把夫妻矛盾投射到亲子关系上。孩子也会慢慢有所感觉，心里惴惴不安；夫妻天天演戏，感觉十分别扭，结果是大家都很痛苦。

夫妻是家庭的核心，夫妻关系肯定影响其他关系。所以，夫妻要把建设、经营家庭，充实、发展爱情，放到第一位——因为它决定性地影响着孩子的成长。

那么，夫妻关系应该建立在什么基础上，夫妻关系之美如何实现？至少有四点是最基本的。

1. 忠诚

真是美的基础，虚假和美背道而驰。婚姻也是如此。为什么人们说："金窝、银窝，不如自家的草窝。"亿万富翁和绝世美女组成的家庭并不一定幸福，那是因为，如果都是为了利用、占有对方而各怀鬼胎，只能生活在欺骗、怀疑之中。婚姻生活中没有真诚，感觉不可能甜蜜；没有忠诚，关系不可能长久。

有的人在谈恋爱的时候，想的只是如何占有对方，对方稍有不从，就大打出手，甚至发展到残杀。产生这种行为的一方，其实他不是人。这句话不是谩骂，是从性质上描述这是一种动物行为。动物界出于生物本能，只有根据森林法则对配偶恃强凌弱、占有、残杀，这种关系根本不需要相互的忠诚。只有人类，把两性关系从动物性提高到从未有的高度。苏霍姆林斯基说："说到底，教育的实质就在于克服自己身上的动物本能并发展人所特有的全部本性。"①

马克思也说过："性爱是人类保留的最深层次的动物本性。"因此，人在性爱上最能表现出不同于动物的情感，也就是在深层次上有别于动物本性，人更多的是和动物有着本质不同的一种更高层次的爱。

这种更高层次的爱，包括忠诚、尽责、亲密、合作等。

中国民间传说中，有许多歌颂忠贞爱情的故事，世代流传，经久不衰，就是因为它突出了夫妻关系中的"忠诚"这一基础。

董永卖身葬父，天庭的七仙女被其孝行感动（孝感市得名即缘自此典故），于是私自下凡与其结为夫妻。七仙女一夜之间织了十匹锦布，帮助董永偿债赎身，奴期从三年减至一百天。奴役期满后，夫妻还家，以为可以过上幸福美满的生活，这时候玉帝却下令七仙女返回天庭。为了董永，七仙女只好忍痛与丈夫诀别。

少数民族地区，也有类似的传说：

相传土司热布巴拉向阿诗玛家提亲，没有结果，便把阿诗玛抢走。这事被阿黑哥知道了，他翻过七七四十九座山，从远方牧场匆匆回去救阿诗玛。

① 〔苏〕苏霍姆林斯基：《育人三部曲》，人民教育出版社1998年出版，696页。

回到家后，阿诗玛已被抢走三天三夜了。他骑上神马跨过九九八十一条河赶到热布巴拉家，经过几番周折，终于救出了阿诗玛。

阿诗玛和阿黑哥欢天喜地，骑马踏上归途。在回家的路上，阿诗玛伸手想找个癞石头扶扶，不料一下粘在了崖壁上，再也下不来了。阿诗玛就永远粘在那块大石头上，天长日久，在雨水的不断冲刷下，形成我们现在看到的那个样子。

古代诗词中，歌颂爱情的也非常多，其中强调忠诚的则属第一位。

你说你喜欢雨，但是下雨的时候你却撑开了伞；
你说你喜欢阳光，但当阳光播撒的时候，你却躲在阴凉之地；
你说你喜欢风，但清风扑面的时候，你却关上了窗户。
我害怕你对我也是如此之爱。

2. **亲密**

长期的夫妻关系，不再像恋爱时期那样轰轰烈烈，但是会像陈年老酒那样越发香甜。历史上流传着一个通俗而感人的故事：元人赵孟頫欲娶妾，其妻管道升特意作了一首词，表达她对丈夫深浓不可分的亲密感情。

你侬我侬，忒煞情多；情多处，热如火；把一块泥，捻一个你，塑一个我。将咱两个一齐打碎，用水调和；再捻一个你，再塑一个我。我泥中有你，你泥中有我；与你生同一个衾，死同一个椁。

〔赏析〕侬：我。你侬我侬：你我我你，你心中有我，我心中有你，卿卿我我，是多么地两相意浓情多。

黑格尔对这种夫妻关系当中“你中有我，我中有你”的现象，有一个哲学视角的分析。

“这种把自己的意识消失在另一个人身上的情况，这种忘我无私的精神（只有凭这种精神，主体才会重新发现他自己，才真正实现他的自我），这种忘我的精神（由于忘我，爱情的主体不是为自己而存在和生活，不是为自己而操心，而是在另一个人身上找到自己存在的根源，同时也只有在这另一个人身上，才能完全享受他自己）就形成爱情的无限性。

“这里的美，主要在于爱情这种情感并非始终都只是冲动和情感，想象围绕着爱情的关系创造出一整个世界，把一切其他事物，一切属于现实生活的旨趣、环境和目的都提升为这种情感的装饰，把一切都拉入爱情这个领域里，使一切都由于与爱情的关系而获得价值。

“爱情在女子身上特别显得最美，因为女子把全部精神生活和现实生活都集中在爱情里和推广成为爱情，她只有在爱情里才找到生命的支持力；如果她在爱情方面遭遇不幸，她就会像一道光焰被第一阵狂风吹熄掉。”①

在现实生活中，如果夫妻关系不和，我们还常常可以从孩子那里得到反面的痛苦回声。

总是吵架的爸爸妈妈②

我的名字叫乐乐，可是我一点儿都不快乐。我有爱我的爸爸和妈妈，但我不明白的是，他们为什么总是吵架。

公园、商场、菜市场……到处都可能变成爸爸妈妈吵架的战场。我觉得他们可以不分场合、不分时间地吵架，而且吵架的原因也让人莫名其妙。周末，爸爸妈妈说要带我去海边沙滩上写生，出门的时候还是好好的，还没到楼下，他们两个人就吵了起来。吵架的原因仅仅是爸爸穿了一双不适合在沙滩上走路的大皮鞋。拜托，穿的鞋子不合适只要回家去换一下，不就好了吗？吵架的内容像滚雪球一样越滚越大，最后演变成了妈妈控诉爸爸不关心我们，爸爸说妈妈翻旧账、无理取闹。

最可怕的是两个人还非要让我站队，问我到底支持谁？我才不要选哩！如果我支持爸爸，妈妈肯定会说我是个小没良心的，然后开始遥想当年，从她怀胎十月生下我开始说起；如果我支持妈妈，爸爸准吹胡子瞪眼地说：“你们娘儿俩合伙对付我是吧，你就跟着你妈过吧！”然后扔下我们自己跑

---

① 〔德〕黑格尔：《美学》第二卷，商务印书馆1981年出版，327页。

② 《总是吵架的爸爸妈妈》，《父母课堂》2016年第12期。

了。可是，如果我不选边站的话，搞不好他们两个会合起伙来围攻我，这可真让人忧伤。

最让人尴尬的是，这可是在小区的院子里，隔壁的王奶奶正在小花园里遛狗，对门的阿姨正带着她家小豆豆在广场上滑冰。她们肯定都听到爸爸妈妈吵架的声音了。

真是丢死人了！

亲密，并不等于两个人之间丝毫没有距离，人们常说“距离产生美”，很有道理。在夫妻之间之所以“距离产生美”，最主要的是体现了相互尊重。夫妻之间的亲密，应该是有度的，因为夫妻两个都是独立的人，各自应该都有自己的空间，有自己的看法，展示自己的个性，因而密而不黏、和而不同，是一种更高级的和谐之美。

3. 尽责

有一位女性，深情地回忆起她的恋爱经历：我爱上他，就是在一刹那——有一次下车时，突然下雨，正在发愁的时候，感觉有人为我撑起了一把雨伞……

这种情感，突出地反映出夫妻关系中敢于担当、有责任感、处处尽责的重要性。在夫妻关系中，各种各样的、及时的、哪怕是微小的尽责表现，都会让人感到愉悦、感到美。

神话传说中，人们也是歌颂那些敢于担当、有责任感的人。

柳毅、龙女的故事

唐代高宗皇帝时期，一位来自湘乡的书生柳毅赴京考试落榜后，于返乡途中遇见洞庭湖龙王之女正在放羊。龙女遵父母安排，远嫁做泾河龙王的儿媳，却终日受丈夫虐待，即使不断诉求抗争，仍得不到公婆的理解，欲哭无泪。

柳毅同情龙女的遭遇，慨然允诺龙女怀揣书信送至洞庭龙王。因此其龙叔得以诛杀泾河逆龙，还龙女自由之身。

自此，龙女爱上了勇敢的柳毅，不依龙王再次为自己安排的婚姻，化作民妇来到柳毅身边，与他结为夫妇，过着恩爱美满的生活。

家中无大事，尽责往往也表现在一些小事情上。例如，生理心理学研究发现，女性比男性用语言抒发感情的需要高出几倍甚至几十倍。回到家中，妻子唠唠叨叨没完，就是她的一种特殊需要，这时候丈夫就应该停下需要专心做的事情，担当起倾听的责任。

而有些丈夫遇到事情愿意自己扛着，闭口不言。其实这对事情的解决不利，对身体也不好。聪明的妻子这时候就应该担当起启发的责任，用语言的优势循循善诱，让丈夫把事情说出来，共同想办法，困难一起分担。

4. 合作

夫妻之间的真诚、亲密，绝不是口头说说就可以的，重要的是落实在行动上。在两人结合的时候，自私的动机越少，日后的夫妻关系就会越好。因为，两个自私的人之间，实际没有友谊，只有互相利用。

要想美满地结合，必须有两人的一致努力；而要想破坏这种结合，只需一人就足够了。两性有许多不同的特点，因此，要想合作，还需要学会了解对方、理解对方。女性和男性不仅在思维方法上有区别，在生活方式上、情感表达上都有区别，因此，要善于求同存异，多看并且欣赏对方的优点；少看并且包容对方的缺点。

有一对夫妻，十分重视互相的逐步了解、理解，这首诗道出了他们能够携手同行的真谛。

情人节赋诗一首

你像一首诗，
一首慢慢才能读懂的诗。
有时欢快，
有时激动。
像蝴蝶一样追寻着美丽，
像蜜蜂一样酿造着成功。

我像一本书，
一本慢慢才能读懂的书。
有时简单，
有时朦胧。
像孩子一样充满了幻想，
像傻子一样怀抱着憧憬。

携你之手，
与你同行，
慢慢闻着书香，
慢慢品着诗情。

传家的是忠厚魂魄，
继世的是诗书精灵。
路还长着呢，
慢慢读，慢慢行……

原来，
我的这本书里啊，
镌刻着你浓郁的诗情。

不仅如此，夫妻生活的延续，必须不断有新的追求，追求者的生活应该永远是崭新的。如果两个人都是在追求新的生活，他们就会比翼齐飞；如果一个人没有新的追求，两个人的距离会越来越大。

例如，有一对夫妻，在七夕幸福之日，因为工作需要，妻子出差在外，丈夫就写了一首诗和妻子交流，寄托了两人追求美好生活的愿望。

七夕赠妻

（七夕将至，妻赴外地出差有感）

我在京中耕耘，你在京外织锦。

耕耘不辍成书，飞梭织锦成云。

莫等藤下听书，休待鹊桥渡云。

博客微信上阵，今人超越古人！

（二）亲子关系之美

亲子关系是家庭关系中的重要组成部分。健康的亲子关系形成，需要认真理解和积极体现家庭教育的四个重要特点——整体性、实践性、持续性、亲密性。

1. 整体性——要求全面发展

培养人的目标，应该是让孩子成为德、智、体、美全面发展的人。这个培养人的目标，现在受到严重的挑战，应试教育的阴影笼罩着许多家庭甚至学校。当然，应试教育思潮是一个怪圈、魔链，它是由几个环节——政府、社会用人单位、学校、家庭、社会文化等因素形成的，解决起来同样需要几方面合力投入。

当前，这几个环节都做了一定的努力。政府主导的考试改革，教育资源均衡化的措施相继出台；社会用人单位“看文凭不看水平”的现象有所改变；学校单纯以分数评价学生的态度得到扭转；社会上“赢在起跑线上”的错误舆论受到批判。

在这种情况下，家庭对待孩子全面发展的态度，就成为更重要的因素。家长一味地强调外因，看不到自己的错误理念，已经在把孩子的发展引向歧途——学校减负之后，家庭便加负担；重智轻德、重智轻体，这些现象说明，有的家庭培养孩子严重背离了全面发展的方向。

如果背离了全面发展的方向，家庭中就不可能有健康的亲子关系。下面我仅从数量巨大、惊心动魄的中小学生自杀事件中，摘取很小一部分来说明问题的严重性。

近来，经常在朋友圈刷屏的，是中小学生自杀的噩耗，往往一片惊呼，令人泪目。

最新的一起，是2018年1月16日，山西大同市第一中学初二409班一名13岁的女生，午后两点在家跳楼身亡。她留下的遗书，其中一段是向妈妈诀别："妈我走了""可怜我还没有体会你的苦楚""只是这些年，你白给我花那么多钱了……"

这一新闻立时令人联想起1月4日发生在广东深圳的悲剧。4日早上8点30分，深圳一名初三男生从教学楼坠亡。

按照时间顺序前推，此类事件不绝于媒体，令人震惊。

2017年12月22日凌晨5点24分，江西宜丰中学高二女生刘某于学校宿舍楼前坠楼身亡，系因上课玩手机，与老师、家长的冲突。

2017年11月23日晚8点多，广西贵港市达开实验小学六年级5班的学生洋洋跳楼身亡。出事前一小时，洋洋给在广东打工的爸爸打电话，说自己被一位同学打了……

2016年10月8日，江西赣州一15岁少年在水库边自杀，留下遗书：

"老爸老妈，我死是因为我知道自己的成绩差得太多了，不可能考上高中的，我也不想再给你们增加负担了。……我也曾经努力学习，可是，无论如何我都无法集中精力在学习上，……我不愿意做啃老的人，也不愿做一个社会上的败类，所以我选择死。其实，我从留级的那一年就开始想死了。可是，我舍不得你们，所以我拖了这么久。今天，我想明白了，再以这种情况拖下去，还不如死了，起码可以自由地睡一觉。"

多么好的孩子！如果可以正确引导，他完全可以成为一名合格的建设者。

血的教训强烈地提醒我们：不论是学校教育还是家庭教育，一定要贯彻全面发展的理念，错误的理念是当今亲子关系出现问题的主要根源。

2. 实践性——避免单纯说教

家庭对于每一个人的成长，尤其对儿童来说，是全方位接触、最具有实践性的环境。一天24小时，衣、食、住、行全部生活实践都在家庭中进行。不仅是物质环境，还有精神环境，都对孩子产生潜移默化的影响。

家庭环境的这种实践性特点，使得美育尤为深入和持久。因为真、善、美是统一体，美必须建立在真与善的基础上。美容不得虚假，容不下恶劣。不诚实、自私自利的家长，即使能够说出美丽的辞藻，他对孩子的教育也只能是丑的；相反，那些实事求是、为人善良的家长，即使文化水平不高，也会使家庭美育逐步产生深远的效果。

在家庭中，家长是孩子模仿的榜样，是孩子成长过程中的“重要他人”。孩子受到的影响，不只是家长的话，更是和言论相一致的行为。

有一个家长，早上懒得起床，还在被窝里给领导打电话：“我的车堵在半路上了！今天肯定要迟到了。”这位家长的话和行为，都被共同生活在一起的孩子听到和看到，这时候产生的教育效果，肯定是极其恶劣的。孩子可能会从道德上认为，说谎并不可耻，甚至还可能学会了如何花言巧语地说谎。

这时候，无论家长怎么对孩子讲诚实美德的重要性，肯定也毫无作用，甚至还可能让孩子感到很虚伪。

家庭教育的实践性，还体现在不死读书，积极引导孩子参与实践活动。下面这位家长就善于反思，在实践中理解了孩子的需要，进行了就在身边的“美育”。

跟女儿一起触摸春天

经过一冬的蛰伏，明媚的春天终于闪亮登场，今天的阳光格外好，正适合把冬装都拿出来洗洗晒晒。

可是，女儿却在我身边不停地捣乱。“跟我走，我送你去外婆家！”我怒不可遏。

电瓶车快速地前行，风从耳边“呼呼”地刮过。“妈妈，怎么这么快！”坐在车后座的女儿突然兴奋地叫起来。“不快能行吗？妈妈还有一大堆家务等着做呢！”我撇撇嘴。“不是，我说的是树叶，它们长得好快呀！”女儿指着路旁一棵极其普通的树说。

我顺着她的手指望过去。是的，那些树叶前两天还是小小的、嫩嫩的芽儿，星星点点、若隐若现地缀在枝头，没几天，绿意就已四处蔓延、肆意渲染开了。

只是我没有闲适的心情去关注眼前的这一切，我牵挂的是泡在水池里的那些衣服。

“妈妈，我想摸摸树叶。”

女儿伸出手，努力去够树叶。

看着她跃跃欲试的样子，我不禁想：也许只有孩子才会有这么浪漫的想法吧？尘世的劳累、生活的琐碎，早已熄灭了我们心中的浪漫。有多久了，我们无心关注花开花谢、日升月沉……“妈妈，我摸不到！”随之传来一声长长的叹息，里边有掩饰不住的失落。

我的心禁不住一动。我刹住了疾驰的电瓶车，说：“你站起来摸摸吧！”女儿踮起脚尖，伸长手臂，使劲向上够。“摸到啦！我摸到春天啦！”她欣喜地叫着，红通通的小脸上写满了兴奋。

“你摸到的春天是什么感觉呀？”女儿的童真感染了我。

“绿绿的、嫩嫩的、滑滑的、软软的。”还在上幼儿园的小人儿，竟一下子蹦出这么多美丽、生动的词语。

是啊，一片片树叶被春风裁剪出了精致的诗情和画意，我却只顾着匆匆前行，忽略了沿途这么多美丽的风景。

“宝贝，妈妈不送你去外婆家了，妈妈带你去看春天。”我把车上了锁，停在了路旁。牵着女儿的手慢慢走，我要跟她一起去触摸春天！①

3. 持续性——关注年龄特点

家庭教育不但日日月月，经常进行；而且随时随刻，自然进行。这就使得家庭美育有条件“点点入地”“润物细无声”，变成一种无痕的优质教育。

家庭美育的日常持续性，有利于审美的重复与积累。为什么孩子对爱听的故事，总让你反复讲，他自己也会不厌其烦地反复说，这就是审美心理的需要，而家庭则有条件比较好地满足这一重要需要。

虽然“常情”与“美情”有区别，不可能处处把“常情”变成“美情”。但是，“常情”毕竟是“美情”的基础，一旦有条件，在关键时刻、典型事件中，例如年节、生日，就不能只有吃喝，还应该有诗意的回顾、畅想、祝福、勉励，

---

① 陈洪娟：《跟女儿一起触摸春天》，《父母课堂》2018年1—2期合刊。

把美的感情表达得淋漓尽致，深刻感人。

亲子关系的持续性，还表现在长达一生。一位家长调侃道："我对孩子有一辈子也操不完的心。上学前，为孩子不会说话、不会认字着急；上学后，为孩子不守纪律、分数低着急；小学毕业为上好初中着急；初中毕业为考高中着急；高中毕业为考大学着急；大学毕业了，为找不到工作着急；工作找到了，又为找不到对象着急；然后，又为生孩子的事情着急；接着，又为孩子的孩子成长着急。总之，着不完的急，操不完的心。"

但是，说话的家长往往是笑着说，因为是"着急、操心并快乐着"，他在享受着这种充实的天伦之乐。

持续性还要求家长关注孩子的不断发展，关注孩子的年龄特点。

有一位大学生回忆：我的老妈每次送我出门，都是一句话——"到学校听老师的话，别淘气。"从上幼儿园到上大学，没有变过样。最近，我说："老妈，我都上大学了，怎么还怕我淘气啊？"说得老妈自己也笑了起来。

在父母眼里，孩子总长不大，这种固定的看法必然影响亲子关系，因为不同年龄的孩子需要是不同的。下面这个实例说明，当家长按照孩子的年龄特点去满足他们的需要时，才能够获得美好的亲子关系。

我们总以为自己是大人，应该做大人该做的事，而孩子做的事都"非常幼稚"。所以，我们对孩子的游戏不闻不问，更别说陪他们一起玩了。

那天，儿子正在看电视。

我一看，电视上播放的是日本动画片《哆啦A梦》。这片子我很熟悉，小时候也看过，当时叫《机器猫》。片子很精彩，到现在我都难以忘怀。于是，我饶有兴趣地坐下来观看。

"爸爸，你也喜欢看吗？"儿子好奇地问。"嗯。"我不好意思地回答。"可这是小孩看的啊。"他说。"对啊，是小孩看的，你不就是小孩吗？爸爸陪你一起看，不好吗？"我随口敷衍两句，儿子听了却非常高兴。他把小凳子移过来，依偎在我身旁和我一起看。

从那以后，只要是儿子认为精彩的电视节目一出现，他便会喊我："爸爸，快来看电视！"

不仅如此，我给他买了好吃的、好玩的，他也总是叫我和他一起分享，连他最爱喝的牛奶都要一人喝一口。陪儿子一起玩，就是把他当朋友，所以他也会把我当朋友。

无形中，儿子懂得了平等、关爱、与人分享、和别人友好相处。我呢，知道了儿子需要一个可以当朋友的爸爸，而不是一个“居高临下”的爸爸。[①]

亲子交往中还需要注意年龄特点，要用孩子能够听得懂的话交流，才能取得最佳效果。下面这些经验之谈很有借鉴价值。

怎样跟孩子聊天更有效

问“小”不问“大”。

抽象的问题对孩子来说很难回答，家长不妨改问些很简单、一定有答案的问题，而且不妨从细节开始。

不要问：“你今天在学校过得如何?”“你今天在学校做了什么?”这种问题，孩子只会简单回答：“还好。”“没做什么！”这样就会让聊天很难持续下去。

你可以这样问：“你今天在学校上了哪些课?”当孩子说出自然、音乐、语文的时候，你就有机会接着问：“那自然课今天教什么?”孩子就会接着回答你的问题：“教气象啊！什么气温、风向的，无聊透了！”“那音乐课有没有好一点儿……”你就可以借机了解他今天做了些什么，并持续交谈下去。

以前孩子刚上学时，我跟孩子聊天的开头常常是：“你今天早上去学校跟谁玩？上画画课画了些什么呢?”“你们班最多人喜欢的男生是谁啊？你喜欢谁呢?”通过一些生活小事打开话匣子比较容易，这些问题简单易懂，又不会感到有压力。

从别人的事谈起。

从“别人谈起”是一个比较好的聊天方法，比方说谁吃饭吃得最慢、谁常常被罚、谁功课最棒等。由此，我们就能窥见他对同学的行为有怎样的看法，然后了解孩子在我们看不见的时候怎样去为人处世。

---

① 任予迪：《做孩子的朋友》，《父母课堂》2017年第11期。

只要“同理”，不要“否定”。

大人跟孩子聊天，很容易发生的一个状况就是大人常常喜欢否定孩子的感受。只要你这么一说，这个话题就聊不下去了！只要“倾听”，不要“说教”。

和孩子聊天，最忌讳的就是说教。任何一种话题的聊天，只要沦落到说教与听训，那就没趣到极点了。所以，聊天时让对方对话题保持高度的兴趣，就很容易让话题源源不绝地继续下去。

注意肢体语言。

聊天时，适当的肢体语言会让孩子觉得你重视他、想要和他认真地聊天。适当地使用一些亲密的肢体语言，会在聊天时产生非常正面的效果，比如握握他的手、摸摸他的头、顺顺他的头发等。不要随意乱发笑，不论孩子的话多么幼稚、多么奇怪，你都应该保持诚恳、一本正经，否则他很容易觉得大人在嘲笑他，而不愿意继续聊下去。

最后要提醒大家的是，在跟孩子聊天时，有时孩子会说出一些令你惊讶、反感的事情，切记“不动声色”，在尚未明白事情真相或者尚未想出如何应对时，先保持朋友般的倾听，这很重要。[①]

4. 亲密性——把握情感教育

夫妻是因感情而走到一起的，家庭的亲密性应该是必然的表现。夫妻之间由于爱，彼此的接纳、彼此的包容，使得关系越来越亲密。这种亲密关系必然影响全家之间的关系。

亲密性并不意味着没有矛盾、没有争论，而是由于长期生活在一起，生活习惯变得越来越融洽、越来越一致。即使有了隔阂、有了别扭，也容易化解。对鸡毛蒜皮的小事，更是谁也不计较。互相之间亲密依靠，天长日久，慢慢变得几乎谁也离不开谁了。

由于亲情关系，相互关注的内容实实在在，是对方所真正需要的，没有虚情假意，更没有敌情恶意，这就是亲密关系中的真与善。

彼此关注的内容几乎无所不包，彼此的接触往往比较全面和细腻，在这个基

① 成墨初：《怎样跟孩子聊天更有效》，《家教世界》2017年第C2期。

础上产生的真情实感，那就是美，一种家庭中特有的美。

父亲不懂得怎样表达爱，使我们一家人融洽相处的是母亲。父亲只是每天上班下班，母亲则把我们做过的错事开列清单，然后由他来责骂我们。

有一次，我偷了一块糖果，父亲要我把它送回去，告诉卖糖的说是我偷来的，说我愿意替他拆箱卸货作为赔偿。母亲明白我只是个孩子。

我在运动场荡秋千摔断了腿，在前往医院途中一直抱着我的，是母亲。父亲把汽车停在急诊室门口，旁人叫他快将汽车开走，说那空位是留给紧急车辆停放的。父亲听了便叫嚷道："你以为这是什么车？旅游车？"在我生日会上，父亲总是显得有些不大相称，他只是忙着吹气球、布置餐桌、做杂务。把插着蜡烛的蛋糕推过来让我吹的，是母亲。

我翻阅相册时，人们总是问："你爸爸是什么样子的？"天晓得！他老是忙着替别人拍照。母亲和我笑容可掬地一起拍的照片，多得不可胜数。

我记得母亲有一次叫他教我骑自行车。我叫他别放手，但他却说是应该放手的时候了。我摔倒之后，母亲跑过来扶我，父亲却挥手要她走开。我当时生气极了，决心要给他点儿颜色看看。于是，我马上爬上自行车，自己骑给他看。

他只是微笑。

我念大学时，所有的家信都是母亲写的。他除了寄支票外，还寄过一封短柬给我，说因为我没有在草坪上踢足球了，所以他的草坪长得很美。

每次我打电话回家，他似乎都想跟我说话，但结果总是说："我叫你妈来接。"

我结婚时，掉眼泪的是母亲。他只是大声擤了一下鼻子便走出房间。

我从小到大都听他说："你到哪里去？什么时候回家？汽车有没有汽油？不，不准去。"

父亲完全不知道怎样表达爱。

除非——会不会是他已经表达了，而我却未能察觉？[①]

① 〔美〕艾尔玛·邦贝克：《父亲的爱》，《万象》2018年第34期。

（三）隔代关系之美[①]

1. 隔代关系在当代非常重要

首先，隔代教育是中国家庭教育必须面对的现实。

根据调查，中国城镇当前有近五成的孩子跟着爷爷奶奶、外公外婆长大，孩子的年龄越小，与祖辈在一起生活的比例就越高。而且，留守儿童的隔代教育还有特殊性——父母不在身边。作为农村家庭，打工族较多，隔代教育不可避免。

“很多家庭父母都是一周才跟孩子团聚一次，有的一个月，有的甚至一年！目前这样的情况，在我们学校比较多。”

在中国，隔代教育是一个现实的存在，不管你愿不愿意，全国有一半以上的家庭是三代人生活在一起，祖辈越来越多地参与家庭教育，这个事实本身就说明隔代教育很重要。

其次，隔代教育也是中国家庭教育的重要特色。

隔代教育是中国文化的特色，也是一个优势。中国人不信鬼神，崇拜祖先，讲究孝道，提倡尊老爱幼，虽然三代人生活在一起，表面看矛盾好像多一些，但是总体上优势远多于劣势。

有人说：“家庭本身就是中国人情感的归宿。与西方老人以狗为伴不同，中国更多的老人还是愿意和孙子孙女在一起。不少外国人到了老年，一个人跟一条狗相伴，真是晚景凄凉呀！——这是我们中国老年人对外国老年人生活的直观感受。有孙辈在身边，是一件让中国老年人高兴的事情，毕竟，含饴弄孙也是一大天伦之乐，值得享受的事情！”

有人说：“长辈的开明很重要，我们家已经60多年一直是四世同堂，甚至五世同堂的大家庭，但做长辈的都很开明，也就形成了家庭的一种文化。”

俗话说：“家有一老如有一宝。”晚饭后，灯光下，儿孙围绕，听老人家讲他们的故事。这个画面在我脑海里一直是最温暖的颜色，也是隔代教育中最好的部分。

许多人的童年回忆中，祖辈的印象十分强烈。“尤其是姥姥唱的儿歌、和姥姥共同玩的游戏，那些倍感温馨的场面，往往一辈子都不会忘记。”

再次，家风传承需要依靠老一辈。

---

① 资料主要来自中亲联教育科技研究院组织的一次网上讨论会。

有的家长认识到："我们最应该从老人家身上学习的是，这么多年风雨人生的体验，听他们的故事。"所以，隔代教育当前最大的问题是我们错过了老一辈最好的价值，没有把老一辈的阅历、资源充分与孙辈分享。而这些财富往往是父辈难以给予的，因此，要提倡父辈要善于提供隔代人相处的机会。

"隔代教育问题，也促使我们研究家风问题……三代人当中可能都有佼佼者，总结他们的经验，是我们光荣的任务。隔代教育的美好，来自于人生体验的相互交融，是一种家族传承。让老人家围着厨房转的是我们，错失了老人们人生体验传授的同样也是我们。"

我自己就遇到这样一件让我感动的事情：有一次，儿子打电话提出明天能不能聚一聚？我当即回答：后天要去实验学校，有许多事情，明天需要做准备……儿子又说：其实，是你的孙子想和你聊一聊几个大问题——人生应该树立什么目标？你一生坎坷，在遇到挫折时是怎样对待的？

我一听，十分高兴，我的孙子是年轻的大学生，开始想和祖辈探讨人生大事，我再忙也要支持。于是，我们三代人开了一次研讨会，都感到有收获。

2. 父辈为核心，祖辈、孙辈各司其职

我国正处在迅速发展的时期，家庭教育会出现多元并存的局面。隔代教育是重要的不可缺少的一种类型，关键的问题是三代人如何定位。当然，这"实际上仍然是两种教育思想在家庭教育中如何落实的问题"！

（1）两代人在家庭教育中的定位要正确。

我们可以从下面几个角度全面理解"定位"。

"父母是孩子的第一法律监护人，祖父母是辅助者。"

"如果祖父母和父母的关系摆正就好了：父母是孩子的第一法律监护人，祖父母是辅助者的角色。"

"从长远发展看，老人逐步退居二线当顾问，总指挥应该是年轻人。"

"两代人教育上的不同定位：年轻父母将总方针握在自己手里，给老人们的任务分配得条理清晰，可操作性较强。相反，当年轻父母不想承担父母的角色推给老人，或者祖父母想代替父母教育孩子时，就会出现很多矛盾。"

“要适度协调二者的教育责任边界，不要过度依赖祖辈教育。”“要处理好祖父母和父母的教养地位、权利和边界问题。”

“祖辈不能因为自己的努力、负责，反而影响了年轻父母学习当好家长的必要过程。”

（2）两代人统一到正确的家庭教育理念上。

“普及家庭教育，祖辈、父辈都要进一步学习现代化家庭教育理念。”

“在有孩子之前，就建立两代人的良好关系，提前和老人讲第三代的教育问题。有些聪明的年轻人就是这样做的。”

3. 和谐为美

更重要的目标是要建设一个和谐的三代人家庭。

“三代人的和睦关系本身也是对孩子的一项良好教育，对于教育孩子的过程中出现的问题，要与老人一起商量，然后找出解决的办法。绝不能为了一些鸡毛蒜皮的小事，破坏大家庭的安宁和温馨。”

“不仅仅是对孩子、对老人，老人和孩子之间，整个家庭中充满爱，很多事情都可以很好地解决。”

“其实任何关系都是人在处，不同的处世原则，结果就会不同。所以，需要智慧的不仅是一代人，而是所有人，老人和小孩同样需要得到承认和尊重。”

要看到隔代教育中两代人各有优劣。

“由于祖辈和父辈在教育经验、社会阅历、人生经历上的差异，导致他们之间对教育的理解上存在一定的不同。这种不同，各有其优劣。”

*** 隔代教育的最大优势是血缘，祖父母的爱远远超过职业保姆的爱**

“祖辈尽心尽力，是父母最放心、最贴心的助手”“祖辈总体还是非常想把孩子教育好的，这个出发点，其他人很难比得上。”

*** 祖辈经验丰富，有耐心、时间和精力**

“爷爷奶奶抚养和教育孩子的经验非常丰富，一般都带过好几个孩子，孩子在什么时候容易出什么问题、生什么病，应该怎么办，他们都门儿清。事实证明，许多由爷爷奶奶或外公外婆带大的孩子，在生活饮食、身体成长和安全保障方面普遍都做得很好。”

“现在这个时间段做祖父母的群体，年龄大约在55到65岁之间。”“祖辈，特别是退休没事干的，更希望帮助带孩子。”

下面是教育家叶圣陶孙子的回忆：

爷爷在八仙桌上教我识字。印象最深的是在冬天，北京烧炉子，让屋内暖和些。爷爷一回家就换上棉袍，在八仙桌前坐定，掏出几张识字卡片——他将用过的台历裁成方纸，拿红色的毛笔写上字，教我认。

爷爷建议，在饭堂的电话旁放一块小黑板，让我在接到电话后，用粉笔记录通话内容，留言给其他人直接看。爷爷时刻关注着黑板上的各种小字，遇“佳作”一则，还会在饭桌上表扬一句。爷爷的意思是，让我们在生活细节中，锻炼听说读写的能力。

当然，爷爷也有严厉的时候。有一次，我急匆匆扒拉了两口饭，放下碗筷蹦着离开，不小心“咣”的一声摔了门。爷爷“噌”地起了身，厉声叫住我，“重新关一次门”。结果他越严厉，我就跑得越快，躲到了北屋，不肯出来。爷爷吃完饭，跑去北屋，揪着我的耳朵，一字一句地要求我，“把门再关一次”。我只能老老实实、轻手轻脚地，又关了一次门。

这件事情，我现在想起，仍然记忆犹新。

这些零零碎碎的生活日常，就是爷爷的“教育”。他总在细枝末节的地方严厉苛刻，跟我们较劲儿，却从不列什么书单，也不过问我们的成绩。1968年“文化大革命”期间，念初一的我去陕北延安插队，姐姐叶小沫已经到了黑龙江依兰，爸爸去了河南“五七”干校，一家人南北东西，互通消息全靠写信。即便如此，爷爷每次回信，都要先一一挑出错别字，发现用法不恰当的词，还要仔细分析一番，叮嘱完毕，再进入正题。

爷爷说过：“我想，‘教育’这个词，往精深的方面说，一些专家可以写成著作，可是就粗浅方面说，‘养成好习惯’一句话也就说明了含义。”[①]

*** 如果不学习，观念容易陈旧**

“祖辈教育问题在于认知和经验上的可能缺陷，关键在于‘三观’（亲子观、

① 叶永和：《爷爷叶圣陶在饭桌上的教育经》，《环球人物》2017年第23期。

教育观、人才观）的差异。”

“十多年就是一代，老一辈和孙辈之间隔了至少50年。要求相差50年的人，按照目前的方法照料孙辈，肯定在隔代之间有太大的矛盾。”

“隔代溺爱严重，祖辈把孩子看成一颗明珠，含在嘴里怕化了，顶在头上怕闪了，握在手里怕碎了，结果造成孩子自私、任性，患上‘四二一’综合征。”

“婆婆把我儿子宠得像个小姑娘，娇气得不得了，东西掉在地上哭，不知道自己捡；流鼻涕也哭，不知道自己擦。每次我对婆婆说，希望她以后怎么怎么教。老太太就觉得我在责怪她没把孩子带好，还发脾气：‘好了，好了，我带不好，你会带，以后你自己带好了！’可她明知道我要上班，哪有时间带。我现在什么都不敢说，可看着孩子又特着急。”

＊耐心解决认识上存在的严重误区

隔代教育是不可回避的现实，目前存在的问题，主要是认识上存在误区。解决了认识上的误区，才能更好地发挥隔代教育中中国文化的优势。

＊隔代教育不能替代父母教育，现实中替代现象严重

“现在的年轻人，有的不负责任，把教育孩子的任务推给学校、推给老人，是值得注意的坏现象！”“也有些年轻人是比较懒，将孩子甩给老人，他们很少过问。”

年轻的父母不能有啃老思想，“你不能觉得父母应该的、必然的，看不好孩子还要被你责怪。帮你盖房子、娶媳妇，帮你看完了老大看老二……”“首先，要对老人心存感恩。其次，自己真的要做一个好父母，做到让老人放心。你自己学好先进的教育理念了吗？你真的做到了让老人放心吗？孩子在老人那儿哭闹耍赖，但你就有办法让孩子不哭了。如果父母能看到你把孩子带得好好的，他为什么不听你的呢？就怕你一下班回家累了，宁愿躺着看手机，也不看孩子。”

＊为下一代准备好一切、补偿心理、把孙子当宠物、代替了子辈学习教育孩子的过程——这是祖辈的认识误区

“祖辈有的也有为下一代准备好一切的传统错误思想。”“隔代教育中存在不少补偿心理，就是对自己教育孩子的亏欠还到隔代。”“有的祖辈把孙子当宠物。”

“祖辈过于积极，很容易代替了子辈学习教育孩子的过程。”“现实中，祖辈很多是主力，不是辅助。”

*** 年轻父母要提高自己的素养**

“当‘80后’真正学会做好‘父母’后，一切问题就解决了。不依赖、不指责，承担起父母的责任来。当祖父母看到你有带孩子的方法时，看到你能把孩子培养得很好时，他们自然就相信你了。什么溺爱啊、什么孩子没有男子气啊，还是由于年轻父母参与太少，放手给老人太多。”“大多数祖父母很辛苦，他们的劳动不一定被承认。”

“爷爷奶奶带孩子，很多时候都要考虑孩子父母的感受，现实中存在把孩子让老人带还不信任老人的情况。老人带孩子都不敢过于管教，也是放纵孩子的一个因素。父母的素质是影响隔代教育的一大因素。”

“我最初让婆婆帮忙带孩子时，眼睛里只有孩子，忽略了婆婆。某天发现婆婆竟然在孩子那里和我争宠：奶奶亲，还是妈妈亲？我发现以后，就经常有意识地在孩子和其他人面前夸奶奶好，直到婆婆感觉到自己的辛苦被承认、自己的能力被肯定了。从那以后，我们合作带孩子一直非常愉快，婆婆还经常主动让我给她布置任务。这样想来，这个做儿媳的人，真的是最关键的。”

“我们不住同一屋檐下，住同一个小区；不在经济上啃老，每个月为老人的付出给予一定的金钱感激。当你不在心理上、经济上啃老时，你才真正拥有了教育孩子的话语权。”

*** 祖辈也要加强学习**

“祖辈的价值观念、生活方式、知识结构、教育理念和教育方法等或多或少都会有些陈旧和落后。因此，隔代教育对幼儿的个性发展难免会有不少负面影响，关键是如何擅用其长、以避其短。我们要学会让老人接受新观念，在教育理念和方法上跟上时代的脚步。”

*** 关注留守儿童**

“留守儿童的隔代教育还有特殊性——父母不在身边。”“现在好多留守的孩子是社会的大问题，不是自己能解决的，政府也有责任。”

*** 隔代教育需要进行符合中国特色的创造**

贯彻以上原则，要根据每个家庭的不同情况，包括不同年龄现状、文化现状、身体现状、经济现状，探索建立不同的隔代教育模式，并且力争达到最优化。

关于两代人相处，有人总结了十招："第一招：真诚并委婉地沟通。第二招：慢慢来，不着急。第三招：让合适的人出面。第四招：谁合适就谁带。第五招：与老人约法三章。第六招：借别人的嘴，给老人'洗脑'。第七招：让事实说话。第八招：坚持我们必须坚持的。第九招：理解关心老人。第十招：卸掉老人心头的包袱。"

五、家风之美

不论时代发生多大变化，不论生活格局发生多大变化，我们都要重视家庭建设，注重家庭、注重家教、注重家风。

——习近平

中华文化源远流长，其中家庭文化（包括家庭教育、家风、家训、家规、家学等）对中华文化的延续，起到了相当重要的作用。在中国历史上，“齐家”与“修身、治国、平天下”同等重要——始于家庭而达于天下。

习近平总书记在2015年春节团拜会上指出：“不论时代发生多大变化，不论生活格局发生多大变化，我们都要重视家庭建设，注重家庭、注重家教、注重家风。”

家风是中国文化的特色之一，在中国传统文化中占有重要的地位。因此，为了提高家庭教育水平，搞好家庭美育，需要认真研究中国的家风，挖掘和继承家风之美。

根据我们的初步研究，认为家风有“世代相传、蔚然成风、价值为魂、与时俱进”四个重要特征。

（一）世代相传

中国五千年文化中，家庭文化和家风都不是短时间能够形成的，往往是经过若干代，世代相传，才能稳定下来。如孔子家族、钱姓家族、二程家族的家风，都是经过了几千年的考验，逐步形成了有各自特色的家风。

据考证，夏商周三代，家风多数体现在贵族官家有家训，强调家训与治国方略统一、居官与修德一致。

到了唐宋期间，家训开始走向民间，司马光的《家范》是其中的代表。北宋以前，家训多数以修身、劝学、治家、为官等为主，重人伦道德。之后，商贾气、治生（指经营家业、谋生计）风渐入常理成常态，重生重商的社会风气开始彰显时代气息。这期间，家训形式也日趋市井化、大众化，诫书式的经典也渐为通俗易懂的格言所替代。此时家训已很普及，不仅官宦之家有，地方名流或小吏之家也有，《袁氏世范》就是典例。

在元明清时期，家训成为引导民风的重要方式，而且多以故事和生活事例为内容，形式简约并逐渐规范和体系化，清代《双节堂庸训》等最为典型。

进入近现代，家风虽为民间古训不同程度地影响社会各阶层，但真正像《曾国藩家书》成体例的东西已淡出民风，家风虽存，但少有真正意义上的发展。

从当代家风的存续现状上说：当代社会已进入“小家庭”时代，相比于传统，现代家庭的教化功能弱化，文化传承、礼仪习得和人格培养，主要依赖学校教育、社会影响和同伴熏陶，传统家教之风作用淡化，传统家风传承渐弱。既有家风也多来自于长辈言传身教，无形说教多、有形规诫少，但仍保留传统惯性礼俗的影响。

从全国来说，家风的传承也表现为不平衡，有些家庭、有些村庄，甚至一些比较大的地区，仍然有家风在世代相传，发挥着重要的作用。

在倡导继承中华民族优秀传统文化的今天，在家庭建设上，研究和挖掘家风这种非物质文化遗产，尤其是让还在民间产生着巨大影响的优良家风流传下去，成为复兴中华伟大事业的重要组成部分。

（二）蔚然成风

从传统家风的主要类型上讲：就社会阶层而言，基本可分为仕宦家风、耕读家风和商贾家风。就生活内容而言，大致可分为“读书志在圣贤”的家国情怀类；“和善之家必有余庆”的积德行善类；“一粥一饭当思来之不易”的勤俭持家类；以及尊老爱幼、修身处世、择善为邻等类型。

家风的形成，一般是每一代人中威望比较高的佼佼者首先大力提倡，然后通过家训、家规、家学等形式确定下来，再通过一代代人的言传身教、潜移默化，在日常生活中互相影响，“润物细无声”中自然而然形成的。长年累月，全家人默默坚持，是一种无形的精神力量在推动，久而久之，优良的行为习惯、为人处世的风气，在这个家族中蔚然成风。

下面结合我的家庭，说说我们冉家的家风——傻子精神。[①]

1. 祖辈的傻子精神——为救百姓，出城谈判

据我母亲告诉我，我的太祖（可能叫冉永）是从山东逃荒来的，由于没有文化，我家所谓的家史，只能是口耳相传，留下一些零星的记忆碎片。

太祖带着祖父（冉鹏飞，字凌云）到河北谋生。由于祖父心灵手巧，善于学习，学会了干木匠活，生活状况开始有些好转。祖母是一个卖菜的劳动妇女，据母亲说，父亲最忌讳提及这一点，可能当时觉得有些丢面子。

祖父的生意愈来愈发达，在保定的商场（叫“马号”）里开了一个“凌云帽铺”；在南关安祥胡同十八号建了一所小四合院。大门上，和许多家庭一样，照例有红底黑字“忠厚传家久，诗书继世长”的对联。

忠厚，就是我们的家风。最近有了微信群，我们冉家国内外联系到60多个亲人，大家都认同“忠厚”“爱帮助人”就是我们家的家风。

家人最津津乐道的是祖父的一件光彩事情：民国军阀混战时期，曹锟与吴佩孚打仗，吴佩孚的军队包围了保定城，扬言要炮轰保定，于是人心惶惶，城内士绅们一致推举祖父代表保定老百姓去谈判、求和。虽然，一般情况下是“两军交战，不斩来使”，但是就怕万一军阀翻脸，还是有一定风险。大家把祖父放在一个大筐里，用长绳把他慢慢从城墙上放下来，祖父举着白旗，走进吴佩孚军营。谈判过程中，有什么交换条件，不得而知。但是，保定城最后没有被炮轰，保住了老百姓的平安。

在生死攸关的时候，爷爷竟然敢于进入“虎口”，在有些人眼里就是傻，因此，爷爷得了一个“冉傻子”的绰号。

---

① 冉乃彦：《我的家风——傻子精神》，《中华家教》2017年第3期。

2. 父辈的傻子精神——抗日救国，因公殉职

根据堂姐冉邦彦、冉家彦，母亲马承淑（字湛如）和我的回忆：

1942年初，日军从印度、缅甸攻打中国西南的滇西。当时我父亲奉命带勘测队到中印边境做中印公路线路勘测，想打通一条抗日战争的生命线。由于中国远征军被英国出卖，牺牲巨大，勘测队也被日本鬼子追赶着。父亲冉超他们一路跋山涉水、风餐露宿，全力保护着全队员工和测量仪器设备的安全，19天才回到云南滇缅路西段工程局所在地祥云。可是，父亲因为过度紧张、疲劳，在澜沧江边露宿，牙床发炎肿破化脓，细菌感染了脑部，发高烧不止，沿途没有医药，只是擦了些万金油，由两个缅甸的克钦族人抬回来的，赶到祥云时已不省人事。

昏迷不醒的父亲，一只手始终紧紧地攥着一个小皮箱，虎口都烂了。小皮箱里放着两件重要的东西：一个是大家冒着生命危险绘制的中印公路线路勘测图，一个是勘测队的资金——剩余的一块黄金。

父亲冉超临时被安置在家里，我记得这是工程队自己盖的一座简易的木结构的两层楼，床上躺着的父亲，原来魁梧、强壮的身躯变得又黑又瘦，原来略带鼻音的浑厚声音变得嘶哑、微弱……

亲友、同事急得像热锅上的蚂蚁，联系医院，寻找消炎药。而父亲大部分时间都是昏睡。

他从昏迷中醒过来后，急切地问："孩子们呢？复兴到哪儿去了？"（复兴是我的小名，原来奶奶给我起的小名是福星，在逃难的路上，大家结合抗日形势，给我改名为复兴）

"他们在下面玩呢。"

"我，我想看看……"

妈妈知道，战争时期很难找到车辆，去昆明已经来不及了。马上就要去祥云的小医院了，走之前，他要再看看自己的孩子。

病重的父亲已经站不起来了，但他执意要看，只好由母亲和13岁的大哥冉哲彦两人架着他，站在楼上栏杆前。父亲用尽气力撑着木质的栏杆，最后一次看看正在院子里玩耍的孩子们。我抬头看见了又黑又瘦、极度衰弱的父亲，这是父亲留给我的最后的印象。

医院的担架来了，焦急的亲人、同事都聚拢到父亲身旁，父亲吃力地向年迈

的奶奶告别。望着满面愁容的奶奶，他用力地说："妈，您放心！我这身子骨，一个星期就会好。"父亲还对奶奶说，他仅是外病，内脏是好的，让奶奶放心。

担架走远了，奶奶还在那里哭喊着："老天爷啊！这是我最好的儿子啊，你千万不要……"

祥云是一个小县城，抗日战争时期更是缺医少药，再加上医院的设备过于简陋，已经不能医治父亲的重病。医院虽然已经派人去昆明取盘尼西林，但是从祥云到昆明，路途崎岖遥远，短期肯定回不来。取回来之前，只好用其他的药来对付。在那资源奇缺的年代，唯一可以用的药，竟然是万金油。

据说，只要有一支盘尼西林，就可以使父亲转危为安。但是，到千里之外的昆明取药，远水不解近渴。而眼看着父亲的病日益严重，口腔部分已经化脓，蔓延到整个脸部，脸都肿胀起来。医生决定，必须动手术把脓排出。没有麻药还不算，竟然没有手术刀，只好用刮胡刀代替。

在病床上，父亲深情地看着亲朋好友，风风雨雨几十年，有多少话要说，无奈严重的炎症使他无法用声音表达。大伯懂得他的意思，立刻拿来笔、纸，希望他把要说的话写在上面。谁也没有想到，父亲提起笔来，神情庄重地只写了两个字——"简殓"。

母亲六天六夜在床前伺候父亲，已经疲劳到极点。那天，父亲看似神情有些异样，但病情似乎不像之前那样严重，在父亲睡着之后，母亲也趴在床头昏昏沉沉地睡着了。

不一会儿，母亲忽然惊醒，抬头一看，一个已经十几天不能行动的病人，竟然独自走到病房的另一端……

母亲赶忙跑过去，把父亲扶回来，让他躺下。这一晚，在梦中，他也许去视察他魂牵梦萦的中印公路了。不过，他再也没有醒过来。

父亲因公殉职时，年仅40岁。他是铁路上的副总工，为抗日战争修建西南对外通道献出了全部心血。他逝世的消息震动了滇缅路全线职工，大家无不为之悲痛不已，对他的早逝感到损失巨大。

在祥云开了追悼会，父亲的顶头上司祝寿萱伯伯代表滇缅铁路督办公署，宣读褒奖命令。他说："冉超工作起来非常积极，从来不讲价钱。他的绰号叫冉傻子！对于贪污腐化，他疾恶如仇，曾经因为检举不良行为，还得罪了人。这次担任中印公路勘测队队长，就是他主动请缨。他明知这是非常危险的工作，但是一片爱国心，使他义无反顾地上了前线……现在，冉超走了，留下了他钟爱的妻子和四个孩子，孤儿寡母，今后的生活肯定十分艰难，希望大家发挥咱们铁路上的优良传统，有钱出钱，有力出力……”

3. 我们这一辈的傻子精神——痴迷教育，抛弃名利

有一次，在国际情感教育研讨会上，中国教育学会副会长朱小蔓向外宾介绍：“这位冉乃彦是一位傻子……”当时我大吃一惊，心想：“怎么这样向外宾介绍我呀？”不过接着听，就明白了。朱小蔓说：“我们都是傻子，我们都痴迷于教育！”

我退休之后，仍然没有一天停歇地进行教育研究。参加各种研讨会，包括作为中国教师代表团成员到乌克兰参加苏霍姆林斯基诞辰活动，都是自费。因为退休，本单位不能报销。但是，这并不能阻挡我的积极性，有一年，我写了这样一条微博：

2012年，我遇到两群傻子，我也成为其中一员。一群是家庭中自我教育研究QQ群。我们在除夕晚上，十分投入地讨论了“家庭中怎样培养孩子的自我教育能力”；另一群是全国生命关怀志愿者论坛的，大家都是自费来到北京，大年初一在北京大学极其热情地交流如何“做好事、好做事、事做好”。我们还向在四川汶川大地震中牺牲或积劳成疾英年早逝的志愿者们致敬，让我们永远纪念他们。

除夕夜，大年初一，我们舍去和家人团聚的机会，跑过来讨论“自我教育”，交流“生命关怀”，而且讨论得那么忘我、那么执着，在别人看来，简直是一群傻子！但是，傻子真不好吗？记得孙中山的绰号就是傻子！雷锋也被称作傻子！我看，傻子比那些机灵鬼可靠，比偷奸耍滑要好，比“精致的利己主义者”更好。

我认为历史上、当今社会中，真正推动社会前进的是一批批傻子，他们用时间、精力、财富甚至生命，推动了社会的进步。希望我们社会再多一些傻子，弘扬傻子精神，让那些坐享其成的机灵鬼越少越好。全世界的傻子们联合起来！傻子万岁！

社会发展越快，越需要老实、踏实、真实的人。我们冉家的下一代也要继承家风——傻子精神，一个个坚持正正派派做人，老老实实做事。

（三）价值为魂

不同家庭的家风，可能有各式各样的特点，家训、家规、家学的内容也各有不同，但是有一点是共同的：遵循什么价值观？这是家风的魂。

从传统家风的基本构成上看：家风浓缩的也是社会核心价值观，反映了中国古代家国同构的社会体制。内容几乎涉及家庭乃至社会生活的方方面面；其形式因地域、阶层、民族等差异有多种多样，但多以家规、家范、家书、家诫、家法等出现，最主要的形式是家训。历史上影响较大的家训主要有《周公家训》《颜氏家训》《袁氏世范》《曾国藩家书》《朱子家训》《帝范》及《朱子治家格言》等，它们都集中体现了当时社会的性质，反映了一个家族的核心价值观念和行为准则。

所以，家风之美，首先在于价值观的正确。

当代家风应该体现出什么样的价值观呢？那就是社会主义核心价值观。习近平总书记强调，培育和弘扬社会主义核心价值观，必须立足中华优秀传统文化，要切实把社会主义核心价值观贯穿于社会生活的方方面面。

现在生活的每个家庭，都是祖祖辈辈繁衍而来的，即使学习了许多外来文化，肯定也多多少少传承了古老的中华民族文化。但是，这里面难免鱼龙混杂、泥沙俱下，因此推陈出新的任务很重。绝不能认为老一辈传下来的东西全是好的、对的，家风中的精华一定要继承，糟粕一定要去除。

历代传承下来的好家风，难免有一定的时代局限性。但凡是向上、向善、属于正能量的家风，我们都应该谨慎地、批判性地继承下来。例如，中国历史上一些望族，他们的家族为什么越来越兴旺？为什么能够对中华民族作出令人敬佩的贡献？这些家族的成功经验的确需要总结、传播。

1.《钱氏家训》中的“利在一身勿谋也，利在天下必谋之”是正能量

“绵延一千多年的钱氏家族何以如此兴旺发达、彪炳于世？”记得2008年6月“吴越钱王与长三角繁荣主题报告会”在杭州临安举行时，钱学森在贺电中说：

“我们的先祖，他们的政绩只是‘致富一隅’，而我们后人的事业，是使整个中国繁荣富强。老祖宗地下有知，是会高兴的！”想起写在无锡钱氏祠堂的《钱氏家训》中有一句话是：“利在一身勿谋也，利在天下必谋之。”此言或许正是钱家为中华民族培育了众多大师精英的原动力吧！

钱氏家族多名人，在不大的无锡城同时期产生三位国学大师，除了与江南经济富裕、文化发达有关，钱氏家族还有其成功的秘诀。

一是世代相传的家训引领。《钱氏家训》从个人、家庭、社会和国家四个层面，为子孙订立了详细的行为准则。钱镠是钱氏后人发奋学习的榜样，他出身贫寒，却从小酷爱读书，直到晚年还坚持阅读，并立下家训“子孙虽愚，诗书须读”。钱氏子孙一直秉承这样的家学渊源。钱镠在临终前，曾向子孙提出了十条要求，被后世称作《武肃王遗训》。家训规定，“家富提携宗族，置义塾与公田；岁饥赈济亲朋，筹仁浆与义粟”。

从宋代开始，钱氏家族就形成了族内相互扶携的风气。为了让族中的贫困子弟有书可读，各地的钱家都设立义田、义庄、祭田，并明文规定，其中一部分田产或盈利必须作为教育经费。

这种早期的“教育基金”模式，保证了钱氏子孙无论贫富，都有受教育的机会。建在无锡鸿山七房桥的“怀海义庄”，就是一个典范，宗旨是“救灾周急、恤孤矜寡、排难解纷、兴学育才”。族内凡是鳏寡孤独者均能领到义庄的钱粮；钱姓子弟不分贫富都能上学；佃农和附近农家子弟学费酌减。钱穆和钱伟长都是在义庄资助下才得以上学的。千百年来，《武肃王遗训》和《钱氏家训》世代相传，更得到子孙后代的身体力行，成为钱氏家族立族之本、旺族之纲。

第二个秘诀就是崇文倡教。钱基博祖上几代都是文人。钱基博的祖父钱维桢是清朝的廪贡生，曾创办江阴全县义塾；大伯父钱福炜是清朝的举人，选授苏州府长洲县学教谕；二伯父钱熙元是廪贡生，江南乡试副举人，设私塾，授课40多年；其父钱福炯20岁中秀才。钱基博4岁起就由其母教识字，5岁便与兄长钱基成一起读书，10岁就会做策论。

其子钱锺书更有旷世才学，据说他的名字就与书有关。在他出生那天，有人送给他家一本《常州先哲遗书》，大伯父为他取名“仰先，字哲良”，即仰望先哲之意；而钱锺书1周岁抓周那天抓的又是一本书，全家都很高兴，于是正式起名锺书。钱氏家族学风绵长，不论是钱基博、钱穆还是钱锺书，都文史兼治、学贯古今、渊博会通，钱基博、钱穆两人均爱自修苦读，凭此弥补了没有受过高等教育的亏欠，确立了他们在中国近现代国学领域大师的地位。

在钱锺书故居大门上，有钱基博亲自撰写的一副对联："文采传希白，雄风劲射潮。"告诉钱家后人，文采要紧追北宋文学家钱易，立马千言援笔就成；武略要承继吴越王强弩射潮的气概。我国著名科学家钱伟长是钱穆的侄子，出生于无锡，他在回答为什么钱氏家族有很多成功的人才时说："我们钱家人喜欢读书，书读多了容易当官，当官的容易出名。"尽管语带调侃，却道出了钱氏家族读书的动力和成功的秘诀。

2."勤俭持家"的家风有当代价值

勤俭持家的家风，来自《朱子家训》中的"一粥一饭，当思来之不易；半丝半缕，恒念物力维艰"的教导，并且按照这个理念行事。这种尊重劳动、尊重劳动产品的态度、理念，是符合社会主义核心价值观的。

作家张晓风在下面这篇文章中表示："我要学会珍惜父亲的珍惜。"就是继承了这个价值观。

六月盛夏，我去看远居在屏东的双亲，母亲80岁，父亲90岁。我对父亲的年龄充满敬意，在我看来，他长寿完全是因为他十分收敛地在用他的"生命配额"的缘故。依照中国民间流传的说法：个人一生的"福禄资源"是有定量的。你如果浪费成性，把该吃的米粮提早吃完，司掌生死簿的那一位，也就只好开除你的"人籍"了。

父亲喝酒，以一小杯为度，吃饭食不厌粗。一件草绿色的军背心，他可以穿到破了补、补了又加补的程度。"置装费"对他来说是个离奇不可思议的字眼。事实上，他离开军旅生涯已经40年了，那些衣服仍穿不完地穿着。真穿成烂布的时候，他又央求妈妈扯成抹布来用。

我算是个有环保概念的人，但和父亲一比就十分惭愧。我的概念全是"学而知之"，是思考以后的道德决定。我其实喜欢发光的进口石材铺成的地面，喜欢华贵的地毯和兽皮，喜欢红艳的葡萄酒盛在高脚水晶杯里，我之所以选择简朴是因为逃避，逃避不该有的堕落与奢华。

但父亲，出身于农家的父亲，他天生就环保，他是“生而知之”的环保人士。回到家里，晾衣绳上到处都有父亲三四十年来自制的衣架。衣架制法简单：找根一两厘米宽的竹条，裁作三四十厘米长的竹段，中间打一个小洞，穿过铁丝，铁丝扭作“S”形，就可以挂衣服了。

父亲的藏书也奇怪，他不买精装书，只买平装书。他认为国人的精装书多半是“假精装”，只是把硬纸粘贴在书外面而已，勤看书的人只消一个礼拜就可以让它皮肉分家。父亲的书是真正买来看的，他保护书的方法是买来书就加道装订手续。他用制线装书的方法装订，每本书都钻四五个孔，再用细线缝过，30年后竟没有一本书脱线掉页的。

我偷了父亲一本《唐诗三百首》放在自己的书架上。其实这本书我已经有好几个不同的版本了，何必又去偷父亲的？只因那本书父亲买了50年。他用一张牛皮纸把书包好，我打开来一看，原来那是一个拆开的大信封的反面。老一辈的人惜物至此，令我觉得那张黄旧的包书纸比书里的三百首诗还有意思。

夏天，父亲另有一项劳己利人的活动：他拿六七只大铝壶接满水，放在院子里晒，那便是我家独制的“太阳水”。到下午等小孩放学以后，可以用来洗澡。至于那些大壶也不是花钱另买的，而是历年囤积的破壶。那年代没有不锈钢壶，只有铝壶。南部水质硬，壶底常结碱，壶的损坏率很高。壶漏了，粘补一下煮水不行，晒水倒可以。

可惜父亲3年前跌了一跤，“太阳水”就没人负责制造了。我多么怀念那温暖如血液般的“太阳水”！

父亲年轻时念师范，毕业以后从军。军校六期毕业，也曾短期赴美，退役的时候是步兵学校副校长，官阶是陆军少将，总算也是个人物了。但他真正令我佩服的全然不是那些头衔，而是他和物质之间那种简单素朴的疼惜珍重。

我把他的高筒马靴偷带回台北。马靴是父亲50年前骑马时用的，那马靴早已经僵硬脆裂，不堪穿用了。但我要留着它，我要学会珍惜父亲的珍惜。[1]

（四）与时俱进

时代在不断地变化，社会在迅速地发展，家庭既然是社会的细胞，家风也需要与时俱进，才能跟上社会发展的步伐。

每个家庭的家风虽然各有不同，但是都继承了中国传统文化。在里面肯定精华与糟粕并存，因此我们新一代必须认真进行鉴别，去粗取精、去伪存真，结合新时代的要求，采取与时俱进的态度建立好家风。

时代的变化，对家风中的民主提出了挑战。应该承认，中国过去的家庭中，民主、平等的确很不够。父母成了“常有理”，孩子必须听话。如何恰当地建立新型家庭的民主家风？首先需要在理念上树立尊重孩子的意识，然后探索行之有效的方法。

让女儿拥有一本秘密日记

女儿13岁了。我发现她最近变得有些爱发呆，和我们说话很没有耐心，而且不像以前那样黏着我，晚上一吃完饭便躲进自己的房间里。“你看女儿这些天是怎么了？也不和我们说话，一副闷闷不乐的样子。”丈夫把我拉进卧室担心地问道。想了想，我告诉丈夫，女孩子早熟，到这个年龄难免会有些小心思，又不愿意和大人讲，觉得谁都不理解她，所以便闷在心里。

丈夫一听就皱眉，提醒我说：“你这个当妈的，可得注意点，现在的孩子心思多，承受压力的能力又差，你得想着开导。”我顿时苦笑。前几天我也想找女儿聊来着，可她问我：“妈，您觉得13岁的女孩和43岁的女人有的聊吗？”我一下子被问住了。是啊，小姑娘嘴里那些时尚的名词我都不懂，她的想法怎么会愿意说给我听呢？

“那就没办法了吗？”丈夫顿时急了。我不禁想起自己像女儿这么大的时候，也不愿意和我妈讲太多。但是我有一个小本子，我把自己的憧憬和愿望，甚至那些刚刚萌动的小心思，都写在里边。因为我妈不认识多少字，所以我放心大胆地写，每每写完都觉得心里很舒服。也许，女儿也需要一个小

① 张晓风：《我家独制的“太阳水”》，《父母课堂》2017年第9期。

本子？

逛超市的时候，我发现了这种日记本，上边挂着一把精致的小锁。我拿起一本欣喜不已。丈夫说："你不会要给女儿买吧？"

"这样一锁，我们不就啥也不知道了？"我白了这个爱女心切的男人一眼，说："我妈当年不也啥都不知道，我出什么事了没？"其实我知道，女孩子有小秘密，是这一阶段特有的事。给她一个倾诉和纾解的空间，有利而无害。

当女儿见到这个日记本的时候，竟然激动得紧紧拥住了我。

她说她早就想买一本，但是怕我和她爸爸不同意。

"你放心好了，爸爸妈妈都支持你，用完了妈妈再给你买。"我拍拍女儿的背，她在我怀里一个劲地点头。

看着桌上那本别致的日记本，我有些感慨。虽然从此以后女儿有了自己的秘密日记，不会像儿时那样什么事都对我说，但我觉得我们之间充满了信任，心也贴得更近了。[①]

这位母亲尊重和理解了青春期的女儿，这是民主家风的基础啊！

艰苦奋斗，吃苦耐劳，也是需要继承的好家风，但是当代的孩子在优越的生活条件下习惯了养尊处优，要想让孩子继承，家长还须下一番功夫。

下面这篇文章描述了两代人是如何做的——典型性的过程是"先苦后甜"。

这粥再难喝，我们也得把它喝光

女儿12岁那年，我带她去西藏旅行。有一天，我们一大早就去爬海拔4000多米的青朴山。

爬到山顶时已近晌午，女儿说饿了。我们忘了带吃的，四周也没有卖东西的，我担心女儿缺乏体力下不了山。这时正赶上山顶寺庙中的出家人开饭，女儿眼巴巴地看着一口热气腾腾的粥锅。于是，我向一位尼姑求了碗粥，好心的尼姑把我们请到她休息的寝室。

谁知女儿看着灰色的几乎看不到什么米粒的粥，喝了一口就再也不喝

① 王子华：《让女儿拥有一本秘密日记》，《父母课堂》2017年第9期。

了。我尝了一口，里面应该有我们不习惯的酥油、青稞面，还有几根叫不上名字的野菜，确实不合我们的口味。

但是，我知道这碗粥对于山上的尼姑弥足珍贵。青朴山上物资十分匮乏，在此居住的都是清苦修行的出家人。我们看到那位尼姑站着喝粥，吃完后转着圈地将碗一下一下舔干净。然后，她带着平和的微笑看着我们。

我示意女儿一定要把这碗粥喝下去。她在那儿掉眼泪，泪水滴到了碗里。她说她实在咽不下去。那位尼姑似乎看出了什么，笑着从柜子里拿出了一盒饼干和一袋方便面。那一定是别的游客给她的，她都舍不得吃。我站起身笑着拒绝了。虽然她听不懂汉语，可我还是对她说，也是说给女儿听的："谢谢您，这一碗粥足够了！"

女儿看我那么坚定，似乎彻底绝望了，她的眼泪流得更凶了。我坐回到她身边说："这粥再难喝，我们也得把它喝光，这是对别人最起码的尊重！我们一人半碗，我先喝，什么时候喝完什么时候走！"说实话，我也是强忍着不适才喝下去的。

现在每想起当时女儿和着眼泪把粥喝完的情景，我都会觉得有些心酸，但同时也会有满满的感恩与欣慰。因为我知道，那碗粥将让女儿受益终身。就像她后来在一篇作文中写的那样："我一口一口地喝下剩余的半碗粥，苦楚、酸涩，却在我的记忆中点点回甘……"①

在孩子记忆中，苦变成了甜，这就是在新时代家风传承的成功。母亲在这件事情中的坚持，也闪烁着家风之美。

① 奶牛妈妈：《这粥再难喝，我们也得把它喝光》，《父母课堂》2018年1—2期合刊。

六、家庭艺术之美

音乐——想象——幻想——童话——创作，这便是儿童所走过的发展自己精神力量的道路。

——苏霍姆林斯基

（一）家庭中的诗词歌赋

1. 姥爷在家庭中的“诗教”

中国的诗词歌赋有着悠久的历史，可惜在一些家庭中已经失传。但是，有一位70多岁的姥爷程金焰，仍然坚持在家庭中用诗歌教育外孙，取得了特殊的效果，值得大家借鉴。

上微信写诗，激励外孙进心

程金焰

秉承“三宽”教育理念，就要尊重孩子的天性。孩子的天性是什么？那就是一个字：玩！所以，对孩子正当的兴趣爱好，我从来不反对，也不否定，更不会指责。我还煞费苦心地用原创诗歌（主要发在微信中）来赞美、鼓励、支持，让他们玩得高兴、玩有所得。

击剑运动员戴黑色头盔，
着白色骑士服，
套白色高筒袜，
穿黑色靴，

雄姿英发。

外孙也想学习击剑。我就给他送上赞美诗以表支持："一柄长剑/刺破青天/白色的骑士服/犹如中世纪的侠客 /风度翩翩/黑色的头盔/遮不住 /双眼里射出的两道闪电/套着高筒袜的脚/步伐矫健/""攻击守卫/退后向前/格斗中的芭蕾/神情自若舞蹁跹/在狭窄的剑道上/划出了勇与谋的风景线/"

"提剑风雷动/敢与强手争英雄/人生千年等一回/潇洒就在一瞬间"。

外孙读着外公的诗，饶有兴趣，但并不很懂。我就给他讲行侠仗义，举起了剑，就要讲正义、讲道义、讲情义、讲仁义，义无反顾，死而后已！

我就给他讲拼搏的人生中要有勇有谋、有进有退、有战必争胜的剑客锐气，也要有爽朗、潇洒的骑士风度等。类似这样的诗，我经常给孩子们写。

一个70多岁的老人极力用诗情，把一个10岁左右的孩子热爱体育和艺术的心点燃，让孩子在玩中认识世界，提升情商和智商，锻炼体质和意志。如今，12岁的外孙升入初中，品学兼优，爱好广泛，担任了学校学生会的文体部副部长。他从6岁开始习重剑、练拉丁、学吉他，曾多次获得中国击剑俱乐部联赛少儿组团体和个人冠军，还获得2015CIDU中国北京首届国际舞蹈公开赛拉丁舞少儿组第一名、2016英国皇家国际音乐比赛（URIMC第六届）中国赛区总决赛吉他专业小学高组银奖。我希望孙辈们不仅学习好，还能成为一个品格高尚、多才多艺会享受生活的人。①

2. 诗词之美表现在什么地方

中国是诗的国度，诗词在中国文学创作中处于核心地位，悠悠五千年，有着光辉灿烂的历史。当前学习诗词是继承中华民族传统文化的一个重要途径，它的作用应该不亚于读《论语》《弟子规》，学习诗词更是培养审美能力、进一步塑造完善的人格的重要方法。

通过学习诗词进行美育，对于人的成长有着深远的影响。诗词专家叶嘉莹先生认为，对小孩子进行传统文化教育非常重要，她称自己从小学习诗歌，是古典

① 选自三宽教育研究院研讨会上的发言。

诗歌的受益者。她以为这种收益，不只是自己会吟诗写诗，更重要的是对平生为人处世、修养性情，都有相当的影响。所以她一直强调，教小孩子诵读中国的古典诗歌是非常重要的事情。

纵观中国历史，一些有成就的人往往热爱诗词、饱学诗词、善写诗词，能够从诗词中陶冶情感、汲取力量。例如，古代的曹操、屈原，现代的鲁迅、毛泽东、华罗庚、陶行知等。

在中国，诗词已经深深地融入人们的日常生活。在节假日，人们心中不由得念起“每逢佳节倍思亲”；餐饮聚会，人们总爱谈起“谁知盘中餐，粒粒皆辛苦”；在大雪天，人们情不自禁地吟诵“北国风光，千里冰封，万里雪飘”；在爬山时，人们总会读出“欲穷千里目，更上一层楼”；等等。

人们对诗词的总体评价历来都非常高。古人说：“正得失，动天地，感鬼神，莫近于诗。”（《毛诗序》）今人说：“诗词比别类文学更严谨、更纯粹、更精妙。”（朱光潜）

从审美角度看，诗词之美表现出以下五个特点：

（1）语言美。

语言是诗歌的载体，诗词的语言是最凝练的。有人把诗词中最精彩的语词叫作“诗眼”，因为它好像人的眼睛，最能传神。如“春风又绿江南岸”中的“绿”字的形象，“随风潜入夜”中的“潜”字的精妙。

杜甫的《登高》，“无边落木萧萧下，不尽长江滚滚来”中的“无边”“不尽”，使“萧萧”“滚滚”更加形象化，不仅使人立刻联想到落木窸窣之声、长江汹涌之状，而且也在无形中传达出了韶光易逝、壮志难酬的悲怆之情。

再如，元人马致远的《天净沙·秋思》：“枯藤老树昏鸦，小桥流水人家，古道西风瘦马。夕阳西下，断肠人在天涯。”短短五句，不仅把凄凉、衰败的景象刻画得入木三分、余味无穷，也把人们悲怆、绝望的心情表达得入木三分。

柳永《雨霖铃》中的“执手相看泪眼，竟无语凝噎”两句，运用白描手法，生动地再现了不得不别的情景，一对有情人紧握双手，泪眼凝视，哽咽无语。这两句把彼此悲痛、眷恋而又无可奈何的心情，抒写得淋漓尽致。

（2）韵律美。

诗词注重押韵、平仄、对仗，读来朗朗上口，有节奏、有变化、有起伏、有波澜，具有抑扬顿挫的韵律美。

从中国诗词的发展史来看，开始诗和乐是不分的，发展到词则更为明显，称之为依声填词。随着诗词和乐曲作为不同的艺术门类而分离，运用汉字四声五音之别，直接创造出诗词的“音律之美”的方法，却得到进一步发展，成为中国古典诗词的传统特色。

所谓平声“哀而安”，所谓上声“厉而举”，所谓去声“清而远”，所谓入声“直而促”，就是诗人充分运用汉字的四声的变化，来更为精确地表达自己的思想感情，使中国的古典诗词体现出一种“音律之美”。只有领略了诗词的“音律之美”，才能更好地、更完整地领略诗词之美。①

（3）情感美。

刘勰在《文心雕龙》中说：“夫缀文者情动而辞发，观文者披文以入情。”②脍炙人口的诗词名篇之所以能流传不衰，产生动人的美感，最重要的一点是诗词中有机地融进了作者独特的情怀。

学习诗词，就需要深入理解作者的思想感情，体味诗词中的情感美。如屈原的“路漫漫其修远兮，吾将上下而求索”中的刻苦坚忍、执着追求的精神；李白的“安能摧眉折腰事权贵，使我不得开心颜”，追求个性自由和蔑视权贵的精神；杜甫的“会当凌绝顶，一览众山小”中不怕困难、勇攀高峰、俯视一切的雄心和气概；苏轼的“大江东去，浪淘尽，千古风流人物”中的豪迈与旷达；王维的“劝君更尽一杯酒，西出阳关无故人”中的悲壮与深情；王勃的“海内存知己，天涯若比邻”中的豁达与深刻等。

（4）意境美。

意境，是指作者将自己的审美体验、内心情感，与经过提炼加工后的生活图景融为一体，而形成的一种艺术境界。例如：

---

① 顾咏梅：《浅谈古典诗词教学中的审美教育》，《扬州大学学报》2015年第A1期。

② 刘勰：《文心雕龙》，上海古籍出版社2010年出版。

春望

杜 甫

国破山河在，城春草木深。

感时花溅泪，恨别鸟惊心。

烽火连三月，家书抵万金。

白头搔更短，浑欲不胜簪。

这八句诗，情景交融，把读者带入一个感人至深的境界—— 一个忧国忧民的白发老人，看到国家败落的景象，感到花朵都会落泪，小鸟悲鸣让人心碎。悲愤的老人，只能天天痛苦地搔头，以致白发脱落得无法用簪子别住。

作者在这首诗中营造的意境，会使读者内心产生强烈的共鸣。

再如，女中豪杰秋瑾写过许多优美诗词，但在临刑前，只写了七个字的一句诗："秋风秋雨愁煞人。"从表面看，这好像只是描写秋天景色让人发愁。如果联想到当时的历史背景，你就会进入一个悲壮的意境。

如果再读一读她早期的诗作《对酒》：

不惜千金买宝刀，貂裘换酒也堪豪。

一腔热血勤珍重，洒去犹能化碧涛。

就会感悟到，秋瑾早就下定决心用自己的鲜血挽救世界，但是，当时她面对的世界竟是如此黑暗，那七个字表示的正是自己的极度悲愤。

（5）人格美。

"诗言志"，是诗的特质。有人问："诗词有什么用?"诗词专家叶嘉莹回答："就是使你的心灵不死。"歌德也曾说过："在艺术与诗里，人格确实就是一切。"

塑造完美的人格，既是审美教育的出发点，又是审美教育的最终目的，学习诗词也不例外。诗词的品格最重要的是透彻地表达了心灵美。"诗词的精妙在于不脱离人，不遁于世。"语言美、韵律美、情感美和意境美，最终都是为了表达人的精神世界，尤其是表达丰富而深刻的人生体验和人生境界，展现人格美。

诗人郭小川的《青松歌》，以雄奇的笔调咏叹青松、描摹人生，读来感人至深："绿荫哟，铺满山路；香气哟，飘满峡谷。青松的心愿啊，装满咱们的肺腑！而青松啊，决不与野草闲花为伍！一派正气，一副洁骨；一片忠贞，一身英武。风来了，杨花乱舞；雨来了，柳眉紧蹙。只有青松啊，根深叶固！……”写出了青松的高风亮节，歌颂了青松的美好品格。

杜甫《茅屋为秋风所破歌》中，“安得广厦千万间，大庇天下寒士俱欢颜”，“何时眼前突兀见此屋，吾庐独破受冻死亦足”，表现了诗人的博大胸襟。

文天祥的《过零丁洋》，“人生自古谁无死，留取丹心照汗青”，表达的是悟透了人生意义的一种崇高美。

谭嗣同在菜市口临刑时，高喊就义诗：“有心杀贼，无力回天，死得其所，快哉快哉！”更是一种惊天动地的壮烈之美。

3. 在家庭中怎样学习诗词之美

我们虽然生活在诗的国度，但当前，青少年学习诗词的状况却令人担忧。一个在高中一、二年级300名学生中进行的调查表明：喜欢诗词的约占52%。而令人奇怪的是另外三个调查数据：平时不读诗词的竟然占59%；不愿意上诗词课的占40%；认为“上诗词课对提高审美能力没有帮助”的占49%。这看似矛盾的百分比，在最后一个调查数据上找到了答案——学习诗词的目的是“为了考试”的占71%！

由此可知，不是孩子不爱诗词，而是应试教育思潮的幽灵把他们引错了路。这是当前开展美育最大的问题，也是美育要解决的关键问题。

在家庭中，最为主要的是主张——美文需要“美教”，因为美只对心灵开放，“家长的每一句话，应成为一种情感——审美的刺激因素，能激发出富有诗意的思维。只有有了富有诗意的思维，才能对人的美产生深刻的审美感”。[①]

建议家长采取以下措施来引导孩子：

（1）亲近经典。

选择优秀的诗词作品学习，是一种重要的审美态度。“如果我们相信教育的强大力量，那么产生这种信念的最重要的源泉之一，就是诗歌的美，诗歌的语言反映着经过数百年的锤炼，才达到的人类语言智慧的深度。”[②]

在中国传统文化中，大量的经典作品就是经过几千年的筛选积淀下来的，例如诗经、唐诗、宋词。家长首先要自己喜爱诗词，通过介绍诗词产生的背景、作

① 〔苏〕苏霍姆林斯基：《育人三部曲》，人民教育出版社1998年出版，629页。

② 同上，608页。

者的精神面貌、不同风格的气势，引导孩子去接触经典、亲近经典、喜爱经典。

（2）耳濡目染。

有经验的家长主张“美读”，即抓住诗词中关键的词语，引导孩子细细咀嚼品味，反复体悟诗词之美。这个过程是审美的准备阶段——审美注意，通过耳濡目染，又让诗词教学真正发挥“母语对后代的精神哺育”（特级教师于漪语）。

苏霍姆林斯基的体会是：“只有当教师的心灵中语言是有生命的时候，才可能培养孩子对诗歌的热爱，培养对朗读的精神需求和对诗的语言的体验。对抒情诗我总是背诵，这是直接诉诸儿童精神世界的方法之一。”[①]

有一位十分重视美育的家长开动脑筋，竟然在为孩子做的早餐中，也别开生面地联系诗词，巧妙地渗透了美育。

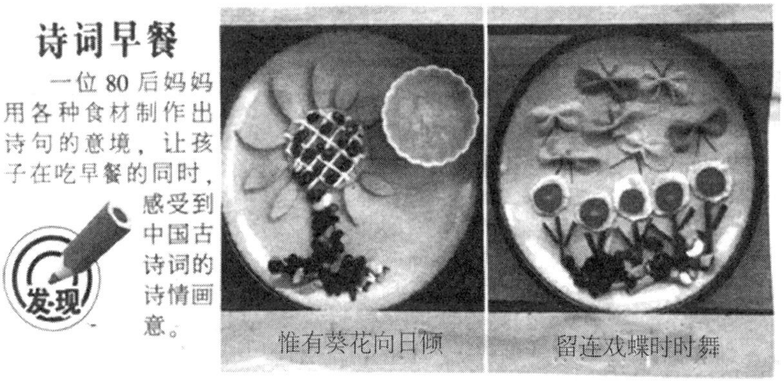

（3）激发想象。

进入审美、立美的实现阶段——家长就需要引导孩子参与进来，并善于激发孩子的想象力。中国诗词的特点是诗中有画，通过品读诗句，想象出各种意境并不是很难。对于比较含蓄的诗词，通过孩子相互交流自己的想象，加上家长的引导，也会达到互相启发、深入一步的效果。

北京西四北四条小学的孩子，常常争先恐后地朗读自己的诗：[②]

一块橡皮，

在错误上跳舞。

---

① 〔苏〕苏霍姆林斯基：《育人三部曲》，人民教育出版社1998年出版，616页。

② 陈祖芬：《“想象力比知识更重要”》，《光明日报》2006年8月26日。

一片片落叶，
折叠着你的昨天。

思考是在搭桥，
让成功顺利通过。

骄傲是光荣的复制品，
可它却让光荣不复存在。

自行车——
两个句号，转动成新的起点；
省略号咬着牙说，省略了动力，
它将寸步不前。

激发审美想象的另一个方法就是改写。鼓励孩子通过改写，既可以深化对诗词的理解，又可以锻炼自己的想象力。

例如，6岁的王子乔在幼儿园时，老师教了罗塞蒂的《谁也没有见过风》，然后让小朋友仿写，王子乔就发挥了儿童的想象力，写出了《风在算钱》：

谁也没有见过风，
不用说我和你了，
但是纸必在飘的时候，
我们知道风在算钱。[①]

（4）纵横比较。

通过各种比较，可以从多角度掌握诗词之美。首先是诗人与诗人的比较。李白的“飘逸”“狂放”与杜甫的“沉郁”“严谨”是不同的美。其次是诗与诗的比较，台湾著名诗人余光中先生的《乡愁》、杜甫的《春望》，都是抒发思念祖国、

① 果麦：《孩子们的诗》，浙江文艺出版社2017年出版，120页。

家乡之情，然而又是不同的表现风格。再就是跨界比较。中国的文、史、哲不分家，诗、画、歌有融合。当我们引导孩子欣赏诗词的时候，如果能够同时欣赏相关的绘画与歌曲，融会贯通，肯定有助于更好地掌握诗词的奥妙。

（5）善用传媒。

在信息时代，学习诗词也可以巧妙运用各类丰富多样的传媒手段。当代的孩子对音乐、歌曲接触比较多，完全可以从这里入手，引导孩子欣赏、理解诗词。运用现代化的各种传媒手段，帮助孩子了解诗词的历史背景，理解典故。

新奇、绚烂的现代化的传媒极具吸引力，当然，也要使用得当，不能喧宾夺主，譬如，终日沉迷于手机，不加选择地吸收一些垃圾文化，反而会得不偿失。孩子追求美，有利于引导他们进行自我教育，使自己完善起来。这时候，家长能够积极地、耐心地引导他们，开阔眼界，深入思考，追求美的人生，是使孩子提高审美、立美能力的重要条件。

（6）鼓励创造。

孩子掌握诗词等各种艺术作品，不应该停留在单纯被动地接受，应该有四个层次的逐步升级：汲取、理解、评判、创造。美育的本质是解放，是心灵的开放。有了创造的激情，学习诗词才可能主动投入。

从改写过渡到自己创作，需要家长的点拨和鼓励。首先是鼓励孩子大胆发挥自己的想象力，用诗词的形式表达出来。一开始大致押韵即可，不必太拘泥于平仄，然后再学习韵律，逐步达到比较理想的层次。

7岁的江二嫚写的诗：灯把黑夜，烫了一个窟窿。[①]富有想象力。

刚刚3岁的于梦凡也写了颇有想象力的《太阳和眼睛》：

太阳晒我的眼睛，
把我眼睛晒黑。[②]

相信在诗词歌赋的熏陶下，在家长的鼓励下，孩子充满想象力的、有中国味道的诗，会越写越好。

---

① 果麦：《孩子们的诗》，浙江文艺出版社2017年出版，8页。

② 果麦：《孩子们的诗》，浙江文艺出版社2017年出版，89页。

（二）琴棋书画

在中国古代，弹琴、下棋、书法、绘画是文人骚客（包括一些名门闺秀）修身所必须掌握的技能，因此合起来称“琴棋书画”。在今天，它常常表示个人的文化素养，也是家庭美育的一个重要方面。

“琴棋书画”作为高雅艺术教育，在陶冶、激发孩子的情怀意趣以及整个精神世界方面的积极作用是显而易见的。“琴棋书画”是一种有中国特色的文化，是孩子需要培养的一种全面而健康的素养。

1. 琴

如今，抚琴弄乐不再是文人墨客的专利，很多孩子都有机会在课堂、在兴趣班，甚至在家里学习乐器弹奏。下面我们以“琴”为线索，进一步扩大范围，探讨一下家庭中的音乐教育。

（1）音乐应该美化人的全部精神生活。

音乐应该从情感上和审美上美化人的全部精神生活。“教育的主要目的不是培养音乐家，而是培养人。人借助音乐不仅可以认识周围世界的美，而且可以认识自身的崇高、壮丽和美好。音乐是自我教育的有力手段。”①

苏霍姆林斯基对音乐教育有许多重要的见解。他指出：“对音乐不理解，不能感受音乐，对于听音乐并因此而获得享受没有强烈的精神需求，就不可能认识情感的世界。没有音乐，就很难使一个正在步入世界的人相信人是美好的，这种信念就其本质而言，是情感修养、审美修养和道德修养的基础。”②

苏霍姆林斯基认为：“音乐——想象——幻想——童话——创作，这便是儿童所走过的发展自己精神力量的道路。”“音乐旋律能唤起孩子一些鲜明的表象，它是培养理智创造力的无与伦比的手段。……音乐甚至把最消极的孩子的思维能力也激发起来了，似乎音乐给思维物质的细胞注入了一种能产生奇效的力量。我认为音乐影响下的这种智力高涨，就是思维的情感源泉。”③

---

① 〔苏〕苏霍姆林斯基：《育人三部曲》，人民教育出版社1998年出版，66页。

② 同上，618页。

③ 同上，70页。

的确，我们能够看到音乐是通向孩子心灵的一条途径。音乐曲调在培养孩子的灵魂，使他的情感人性化。在音乐中和在语言中一样，都能表现真正人性的东西。我们发展孩子对音乐的敏感性，也就是在提高他的思想和志向。要让乐曲在每个孩子心里，开辟出情感的生机勃勃的源泉。不论是生动活泼的语言还是乐曲，都在向儿童揭示周围世界的美。

琴声、乐曲，这个人类感情的语言，传达给孩子心灵的不只是世间的美，它还向人们展现了人的伟大和尊严。孩子在欣赏音乐的同时，会感到他自己是一个真正的人。孩子的心灵，是敏感的音乐家的心灵，心灵中紧绷着心弦，您若能触动它们，就会发出很有魅力的音乐。可以说，童年不能没有游戏和童话，同样也不能没有音乐。

（2）从倾听大自然的音乐开始。

如果说，音乐是用情感的语言去阅读的学科，那么，这门学科的初级课本是从倾听大自然的音乐开始的，从认识我们周围产生的各种声音的美开始的。

重视听音乐，听音乐作品和自然的音乐，首要的任务是引起对旋律的情绪反应，之后要使孩子确信，音乐美的源泉在于周围世界的美。音乐旋律好像在召唤人：你停下来，听听大自然的音乐，欣赏欣赏世界上的美，要爱护这种美，增添这种美。

“孩子们聆听大自然的音乐，也就从感情上为合唱做好了准备。我们要极力使孩子们能在大自然中，辨认出与我们将要学习的歌曲相协调的音乐来。”①

苏霍姆林斯基还特别强调，让孩子们自发地去随意听音乐、看电影并不好：“对同一批学生从幼年到成熟期的多年观察使我确信，电影、广播、电视对儿童的那种自发的、无组织的影响，不利甚至有害于正常的审美教育，大量自发性的音乐印象则尤其有害。我认为教育儿童的重要任务之一是，要使音乐作品的感知，同那种能够使人借以理解和感受到音乐美的背景的感知交替进行，也就是同感知田野和草原的寂静、树林的飒飒声响、晴空云雀的鸣唱、成熟麦穗的窃窃私语、蜜蜂和熊蜂的嗡嗡等等，交替进行。这一切也就是大自然的音乐，就是人在创作音乐旋律时从中摄取灵感的那个源泉。”②

---

① 〔苏〕苏霍姆林斯基：《育人三部曲》，人民教育出版社1998年出版，201页。

② 同上，66页。

（3）音乐与语言的关系十分密切。

音乐是情感的语言，旋律能够表达语言所表达不了的、人的感受的最最细腻的色彩。音乐始于语言的终结处。如果家长和教师仅仅局限于用语言去深入到年轻的心灵最隐秘的角落，如果在使用语言之后不使用音乐（这是渗透到心灵中去的最细致入微、最深刻的手段），那么教育就不可能是完美的。

音乐是强大的思想源泉，音乐教育的缺失，不利于儿童智力的长足发展。在深层次上，音乐更关注人本身的精神世界、思想甚至语言。当孩子沉浸在旋律优美的音乐中，把注意力集中在音乐上，世界便展现出了它不为人知的另一面，于是孩子的思想便描绘出一幅鲜明的图画，如果这幅图画又要求用语言来描述，那么，孩子会从世间为新的想象和思考摄取素材，并进一步用语言进行创作。

音乐与抒情诗有着紧密的联系，是人的精神发展中的下一个阶段。音乐把人的道德的、情感的和审美的修养连接在一起。

“对音乐的诠释应具有某种诗情画意的特点，要使语言接近于音乐。我努力在我的学生的情感记忆中找到它：我借助语言建立起一种情景，这种情景能激发对往事的回忆，还能激发出感受和来自情感记忆深处的语言，这种语言能调整心弦去感知音乐。”①

用情感语言阅读的最初的篇章，也是最鲜亮的篇章，就是民歌。“民族的歌曲向孩子们指出，民族语言是人民珍贵的精神财富。通过歌曲，孩子们领略到语言音韵的细微之处。”②

（4）音乐教育如何进行？

“高雅的耳朵”需要培养③

带孩子去听音乐会，不失为一次成功的教育投资，听音乐会可以让孩子从感性角度对音乐有一种认知。提高孩子的音乐欣赏品味，培养孩子有一双“高雅的耳朵”。如果家长想知道自己的孩子对音乐有没有兴趣，那么通过听音乐会来判断，不失为一个很好的途径。当然，这一点不是听一场音乐会就

① 〔苏〕苏霍姆林斯基：《育人三部曲》，人民教育出版社1998年出版，203页。

② 同上，203页。

③ 刘雅兰：《“高雅的耳朵”需要培养》，《现代教育报》2017年12月8日。

能看出来的，要尽量让孩子去听多种形式的音乐会，比如钢琴、小提琴、单簧管、长笛等乐器的独奏音乐会；还可以听不同形式的乐器合奏的音乐会。除了乐器的音乐会之外，还可以带孩子去听歌剧等。总之，形式要尽量多样。

对于没有接触过乐器的孩子，可以通过音乐会的熏陶以及家长结合音乐会的正确引导，让孩子慢慢地对乐器充满兴趣。可以先给孩子讲各种音乐故事和一些著名作曲家的事迹，也可以提前借到光盘，放给孩子听，让音乐留给孩子一个初步的印象。而对于正在学习乐器的孩子，音乐会也是一次不错的学习机会，可以通过听音乐会来拓宽他对音乐认知的范围，如果正好听到他所学习的乐器的音乐会，还可以让他身临其境，体会到这件乐器表现出来的音乐的美，会让他更加喜爱他所学的乐器。

在带孩子听音乐会之前，家长最好对音乐会演奏的曲目做一下功课，大概给孩子讲讲今天去听音乐会的曲目、演奏乐器的介绍和作曲家的简单介绍，这样便于孩子更好地理解他所听到的音乐。

除此以外，在带孩子听音乐会之前，还有三个事项需要注意：一是提前带孩子去厕所，避免在音乐会中出出进进，影响别人的同时也打断自己欣赏音乐会。二是把手机调为震动，并提前跟他说好听音乐会时要安安静静的，不要大声说话。三是要告诉他，在每首曲子结束的时候要报以热烈的掌声，这代表对演奏家的尊重和肯定 。

*** 富有艺术性的讲解**

苏霍姆林斯基主张：对音乐作品，特别是对孩子们不熟悉的作品的讲解，要极有分寸和具有高度的教育素养。任何时候都不能忘记，音乐语言是感情的语言。即使一支民歌，虽然歌词朴实，有时甚至很简单，但是因为配上了音乐，领略起来就成为艺术品了。为了解释音乐作品中艺术形象的本质，教师必须了解作曲家塑造形象的手法和特点。讲解应当是孩子从教师口中听到的一篇具有特色的、有头有尾的、富有艺术性的故事，这篇故事本身就应该能激发感情、引起感触，并在学生想象中描绘出一幅幅栩栩如生的图景。

*** 激发孩子的想象**

“我深信，音乐的美是思维的丰富源泉。在音乐旋律的影响下，产生在儿童想象中的鲜明形象能活跃思维，如同把思维中无数的溪流汇集成一条大河，孩子们极力要把他们想象出的和感受到的都用语言描述出来。对于智力发展迟缓的孩子来说，听音乐确实是思维的丰富源泉。我尽量做到让孩子在听完音乐作品之后，能无拘无束地谈一谈自己的印象。”①

***选择音乐作品**

苏霍姆林斯基说：“我关注的是关于爱情的音乐对年轻的心灵所诉说的东西，是语言所不可能表达的。我要对少年的老师们提出一个建议：少举行一些关于爱情的座谈、讲座、辩论和问答晚会，让少年静静地、默不作声地倾听关于爱情的音乐。我努力使少年的心灵能够理解人类情感中最最细腻的一些色彩——爱情。”②

我逐渐辑成了孩子们喜爱的音乐作品集。我们常常来活动室欣赏音乐。我把作品集叫作“音乐宝盒”，孩子们也喜欢这样叫，他们自豪地说：“我们有个音乐宝盒。”我于是产生了一个想法：我们一年年把音乐文化宝库中最优秀的作品搜集起来建立一个“音乐室”，我们就在里面欣赏大自然和人所创造的美。我们将唱歌，学习演奏小提琴和钢琴，不过这是将来的事，暂时我们先学着吹奏简单的芦笛。③

在家庭中，我们也应该建立起家庭的“音乐宝盒”。

***音乐与品德联系起来**

通过音乐还能够密切亲子关系。经验证明，音乐——是教育者与儿童产生精神上的一致性的最好基础。音乐似乎总能开启人的心灵，家长和孩子通过听乐曲，感受和赞赏它的美，就会变得亲近起来。在那只有音乐才能唤起的共同感受出现的时刻，家长才可以在孩子身上看到，在没有音乐的情况下永远不会见到的东西。在乐声的影响下，当心灵陶醉于崇高的感受中时，孩子会把他的激动和不安都信赖地告诉你。

人具有这样一种品质——细腻和富有感情的天性，这种天性表现在环境能使他的感受能力更加敏锐。天性细腻和富有感情的人不会忘记别人的悲伤、痛苦和

① 〔苏〕苏霍姆林斯基：《育人三部曲》，人民教育出版社1998年出版，206页。

② 同上，622页。

③ 同上，74页。

不幸，良知要求他去给予援助，而音乐和歌曲就能培育这种品质。

有一位老师曾经说：“没有感动，就没有教育。”而音乐就是感动人的一股力量。

> 我清楚地记得，刚刚进入中学，在开学典礼上，听到浑厚的《国际歌》歌声，给了我极大的震动。以后看到电影中江姐唱着《国际歌》走向刑场，想起列宁说过：你在世界上任何地方，只要通过《国际歌》的歌声，就会找到自己的同志。这时候，想起自己的使命、自己的理想，我就会感到全身热血沸腾。音乐真是有一种能够感动人的力量。

感情丰富是受过德育和美育的人所特有的品性，这一品性表现在他的心灵易于领会善意的话语、教导、忠告和赠言。如果您想使语言能够教人生活，想使您的学生渴求善良，那您就要把幼小的心灵培育得细腻和富有感情的敏感性。在众多的作用于幼小心灵的手段中，音乐当居重要的地位。音乐与品德——这是一个尚待深入研究和探讨的课题。[①]

在家庭中开展琴棋书画的活动，进行音乐教育，绝不只是学习一种技能，更不仅仅是一种放松心情的措施，它能够提高孩子的感受性、培育细腻的情感，这一切是孩子品德培养和人格建树的重要基础。

2. 棋

棋，历史上多指围棋，又名黑白棋，从天文的角度考虑，也颇顺理成章。天体不是静止的，而是随着四季不停地变化，为了反映出这种变化，更是为了探究这种变化的规律，于是古人开始在一个棋盘上放置双色棋子以进行比较研究，就这样，围棋的棋子开始了相互间最初的接触。

围棋对弈，过去又被称为“手谈”，双方以落子作为语言进行交流，每手棋都传递着信息。从战术上讲，围棋中有“金角、银边、草腹”之说。意思是指围取同样多的地，在棋盘角上可利用棋盘的两条边，所需子力（手数）最少；在棋盘边上只能利用棋盘的一条边，所需子力（手数）较多；在棋盘中腹，没有边可

① 〔苏〕苏霍姆林斯基：《育人三部曲》，人民教育出版社1998年出版，203页。

利用，所需子力（手数）最多。所以，主流下围棋的方法，多优先在棋盘角和边上围地。

围棋又是一门经济学。不同于其他棋类项目，以先擒获对方某种棋子为胜，追求达到目标的过程，围棋是以控制地盘大者为胜方，追求数量的优势；而与其他棋类项目一样，围棋也是双方轮流下子，棋子及落子的机会就是棋手所掌握的稀缺资源。

围棋是中华民族传统文化中的瑰宝，它体现了中华民族对智慧的追求，古人常以“琴棋书画”评论一个人的才华和修养。

被人们形象地比喻为黑白世界的围棋，是我国古人所喜爱的娱乐竞技活动，同时也是人类历史上最悠久的一种棋戏。由于它将科学、艺术和竞技三者融为一体，有着发展智力、培养意志品质和机动灵活战略战术思想意识的特点，因而，几千年来长盛不衰，并逐渐地发展成为一种国际性的文化竞技活动。

现在的“棋”，实际上不只围棋——黑白对弈、楚汉行走，还有国际象棋、军棋、跳棋等。棋类教育属于文体合一，慧心启智，对此，学生和家长都会感兴趣。

有的学校开设“围棋”“象棋”等拓展课，任课教师从校外聘请，教学深入浅出、通俗易懂，学生听得津津有味。有了课上的学习，就有了课后的跃跃欲试，校园里一到下课就有学生下棋。弈者，全神贯注；观者，里外三层，其乐无穷。

中国的不少家庭都在默默地进行传统文化的传播，开展棋艺活动，生动活泼地进行德智体美教育，就是家庭美育的一项重要内容。

家有棋儿

儿子6岁时，对跳棋兴趣很浓，时不时摊开棋盘、摆好棋子，叫我和他对弈。一旦他输了，就不依不饶非得再开一局，直到自己赢了才住手。因此，儿子能从开始的一步一步蹦到后来曲里拐弯连着跳上好几步，是多次练习的结果。每当他跳出理想的一步，自会得意扬扬。若能抢先占领我的“领地”，他更会高兴地拍手大笑。跳棋的走法虽然简单，但我很乐意和儿子沉浸其中，因为下跳棋，一样能锻炼人的观察力与思考力。

后来，儿子又对象棋产生了兴趣。他从商店买来指甲盖大的棋子，嚷嚷着“楚河汉界”，要与我一分高下。“马走‘日’字，相飞‘田’字，大车直线走，火炮隔山打牛，将帅不出宫，兵卒朝前走……”教儿子这些的老师，还是我。起步阶段，儿子下一局输一局。他觉得自己所记的口诀，都在实战中失了灵气，不禁有些失落。再输两局之后，我看到他不时地擦眼睛。我知道，好胜的儿子哭了。在一旁观战的妻子不停地使眼色，意思是让我有意输给儿子。可我视而不见，结果自然还是儿子输了。当他放声大哭的时候，我心里想这样也好，儿子的棋虽然输了，却让他明白了一个道理：“人生路上没有一帆风顺，更没有一蹴而就的成功，人生在世要经历和面对许许多多的失败和挫折。”

后来，儿子和邻居的哥哥们“兵戎相见”，在“将军、将军”声中倒也沉得住气了。一旦他取胜，兴高采烈是免不了的；失败了他也不灰心，总结经验，泰然处之。

现在，儿子又爱下军棋了，天天追着问我：“军长和师长谁大？炸弹和地雷谁厉害？军旗是做什么的？大本营起什么作用……”看他认真、执着的样子，我只有再一次倾囊相授。

我想，下棋也是一种好的兴趣。不管它今后对儿子的影响有多远、多大，至少棋盘对阵带给了他欢乐的童年；不奢望儿子将来能在棋艺方面有所建树，至少当下培养了他积极的生活态度。

家有棋儿，其乐无穷。我愿永远与儿子分享这份快乐。[①]

在我的记忆中，棋艺活动的确能够使德智体美教育在轻松的氛围中有效地进行。下棋能够让孩子感受到中华民族的文化源远流长，还能够磨炼孩子的性格，让他们理解一些人生的道理。

我曾经在北京调查了108名优秀高中生，发现他们大多数从小就有一个“争强好胜”的品质。其中，有一位家长回忆道：“我的女儿4岁的时候，我教会了她下棋。她兴致很高，但是她有一个习惯：如果输了，她总要求再下

① 张峰青：《家有棋儿》，《父母课堂》2016年第10期。

一盘，非要赢了再睡觉，而且不许我让子。有一次竟然下到夜里两三点钟，她赢了，才心满意足去睡觉。”

看来，家长在这个过程中，也能够更真切地了解孩子，然后才能因势利导去培养孩子。

还有一位朋友，他回忆道：万通商城有各种各样的东西卖，孩子想要的东西几乎都有。他拿着剩下的钱，又买了一副质量很不错的军棋，因为家里有一个象棋的棋盘，翻过来就是军棋的棋盘，这下子就能用上了。这位父亲的感想是：孩子多么热爱生活啊！这两天我俩每天都玩一局，虽然都是他输。

3. 书

汉字是中华民族文化的重要载体，也是世界上最富有美感的文字。汉字虽小，但它是中华文化的源头，也是中华文化最小的承载体。因此，要想继承中华民族文化，最基本的就是学习汉字、用好汉字。

汉字之所以能够流传至今，它的美应该是重要原因之一。汉字之美，可以说是世界之最。我们每一个炎黄子孙，都应该认真学习汉字、研究汉字，体会汉字蕴含的美，善于运用汉字向世界表达一切美，并且以此为骄傲！

的确，练习写字、掌握书法，铺纸挥毫、修身养性，开卷有益、墨香怡人。

书法给孩子的不只是一手好字

几年前，一个小男孩因为作业本上的字写得实在太难看，班主任特地找到我，说让这个孩子进书法小组，跟我练练字。……辅导了一段时间，他的毛笔字逐渐变得有模有样，开始参加市区级的书法比赛，并且取得了很不错的成绩。

往日那个喜欢在楼道里追逐打闹、满地打滚的孩子，变得安静了；往日那个尽是红杠的作业本上，“√”增多了；往日那个学习一直不怎么靠谱的孩子，成绩提高了。

……

毕业之后，有一次她妈妈和我聊，说自从学习了书法，他就像换了一个人，学习踏实了，做事认真了，以前不好的习惯慢慢地没有了，什么课外班都没有报，唯独喜欢书法。

这些年处在教学一线，碰到不同秉性的孩子千千万，总是认为学习书法的孩子有所不同，他们认真、细心、刻苦，做事一丝不苟。书法有一种魔力。准备工具，培养学生不急不躁、沉着冷静的心性；临摹字帖，培养学生认真观察、敢于表现的能力；书法创作，培养学生追求完美、热爱艺术的品格。一旦拿起毛笔书写，心就会被吸引，专注力就会提升，全身心地投入。眼、脑、手的配合，提高学生的理解力、接受力、想象力和创造力。

孩子从小学习书法，不仅能够提高他们的书法素养和艺术修养，更重要的是，能够让他们养成严谨、踏实的学习态度和良好的学习习惯。那些学习书法的孩子道德品质高尚、性格开朗、身心健康、善于交往，往往他们的学习成绩也是很优秀的。那些粗枝大叶、草草了事的态度，可以通过书法的练习慢慢改正。一旦养成了良好的学习习惯、认真的学习态度，对他们今后的发展都是很有益处的。书法带给他们的，不仅是一手漂亮的字，那些潜移默化的好处，将伴随他们智慧的一生。

汉字是记录事件的书写符号，在形体上，逐渐由图形变为由笔画构成的方块形符号，所以汉字一般也叫“方块字”。中国地域广大，虽然口音各异，却共同使用着统一的汉字，这不能不说，它对中华民族文化的传承起了重要作用。

汉字是世界上最古老的文字之一，对周边的影响也是非常巨大的，在东亚汉文化圈内，借用、借源于汉字创造出来的本民族文字，形成了“一母多文”“一文多语”的汉文字书写传播圈。

中华文化博大精深、源远流长，为什么小小的汉字竟能够承载得起如此重任呢？

有人说：“一个象形字，就是一幅画；一个汉字，就是一个故事；一个指事字，图文并茂；一个形声字，音像具备。”此话的确很有道理。汉字具有集形象、声音和词义三者于一体的特性，这一特性在世界文字中是独一无二的，因此具有独特的魅力。汉字是汉民族几千年文化的瑰宝，也是我们终生的良师益友，更是每个人的精神家园。在生活中，汉字往往可以引起我们美妙而大胆的联想，给人美的享受，使用汉字，已经是每个中国人生活中不可缺少的内容。

汉字更是中华民族灵魂的纽带，在异国他乡，汉字便成为一种精神寄托，哪怕是一块匾额、一个指路牌，甚至一纸小条，上面的方块字会像磁铁般地吸引着你，让你感受到来自祖国、来自故乡的亲切。因为中国人的情思，已经浓缩为最简单的横竖撇捺，每一笔都饱蘸着世世代代先人的心血。

中华民族历来就有尊重汉字的传统，记得我小时候，长辈反复叮嘱：凡是写过字的纸不能乱扔。我也看到有人在街上背着一个筐，上有条幅写着“敬惜字纸”，那是在专门劝诫人们尊重汉字，认为汉字有神奇的魅力，对它不能等闲视之。可见，尊重汉字，有时候几乎达到崇拜的程度。

鲁迅先生曾说过，汉字有“三美”：音美以感耳，形美以感目，意美以感心。这“三美”统一于汉字。汉字的字形跟字义、字音之间有一定的联系，汉字是形、音、义的结合体。概括起来说：汉字美在形态如画、音韵如歌、灵性如诗 。

（1）形态美。

“中国古代的象形文字，它既是文字，同时又是一种合乎美的形式规律的创造。这正是中国文字发展成为一种艺术的根本原因。”①

一个“日”字，既可以看到光照中天的火热太阳，又能够抽象为四笔的方块字；一个“月”字，既可以看到婀娜多姿的月牙，又能够简明地仅用四笔表示；一个“山”字，既可以看到巍峨起伏的峰峦，又只需三笔就足以抽象表达“山”的全部意蕴。

汉字的形态美，还表现在甲骨文的古朴、金文的高雅、篆书的委婉、隶书的端庄、楷书的方正、行书的潇洒、草书的飞动，它们带给人的都是美感。

汉字的结构美，圆融而有力度，讲究“平、奇”，即平稳和有新意。表现在：一是整齐，横平竖直是基础；二是参差，错落有致，疏密不同，不重复——直不等长、曲不同态；三是定动结合；四是呼应与避让结合。（如“烈”字下面四个点，互相呼应，并不是在一个方向上）

（2）音韵美。

有人把汉字 比喻为凝固的音乐， 思想奔流的河床。汉字的书写通过笔画的

① 李泽厚、刘纲纪：《中国美学史》第一卷，中国社会科学出版社1984年出版。

大小、粗细、疏密，成为一种韵律，也能表达自己的感情。

有人把汉字比喻为交响乐队的协奏，心灵之声的呐喊。一般地说，一个汉字代表一个音节。有时一个音节，有好多个汉字来记录，如“xi”音节就有“夕、汐、西、息、悉、昔、犀”等；“yu”音节，竟然有迂、淤、于、鱼、语、与、雨、育、玉、遇等近百字。有些字可以通过声旁确定音类或大致的读音，如“张、帐、账、胀”等，“长”就是这组字的声旁。

字还有平声、仄声，平声、仄声中又有阴平、阳平、上声、去声，过去还有入声。声音有高低强弱、长短起伏，读来或慷慨激昂、热情奔放，或妩媚温婉、娓娓入耳，让你心愉神悦、妙不可言。中国汉字的音韵美，尤其是四声，是全世界很少有的一个特色，往往也是外国人最难掌握的部分。

说汉语让人更有乐感。

一个由国际研究人员组成的团队在一篇研究文章中指出，在3至5岁的学龄前儿童中，母语为汉语的孩子比母语为英语的孩子能够更好地处理音乐中的音调。这项研究表明，在一个领域学习到的大脑技能能够影响另一领域的学习。研究人员对年龄相仿的年幼汉语学习者和英语学者展开了两项单独的实验，他们测试了180个孩子的音调升降曲线和颜色。讲英语的测试者和讲汉语的测试者在音色方面表现相似的情况下，讲汉语的孩子在音调方面的表现明显胜出。

汉语是一种音调语言。在音调语言中，一个字的音调不仅能够传达出不同的强调内容和情感内容，而且能够表达完全不同的意思。例如，取决于说话者的音调，汉语音节“ma”可以表示“妈妈”“马”“大麻”或“责骂”等意思。而英语中的“ma”仅能代表一个意思，即“妈妈”。这项研究的作者总结说，正是这种对音调的语言关注，令说汉语的孩子能够在感知音乐的音调方面占据优势。

（《参考消息》2017年1月22日）

(3）意蕴美。

汉字之美，一方面是造型，这是已经流传了三千多年、基本固定下来的；而另一方面，是每个字的内涵，却是可以不断挖掘、不断创新的。

中国汉字“横、竖、点、撇、捺、钩”奇妙组合成几万个不同的字形，它们不是僵硬的符号，而是有着独特性格的精灵，每个字都有不同的风韵。“太阳”这个词，让你感受到温暖和热烈，“月亮”又使人眼前闪耀着清冷的光辉。“哭”字一看就像流泪，“笑”字一看就像笑逐颜开的样子。

会意字比象形字更好、更美，是因为祖先造字时渗透了更多的智慧。汉字的意义生成常常是“言有尽而意无穷”。例如，“习”字，代表了天空中有一大一小两对羽翼，那是母鸟在带领小鸟学习飞翔。一个“盗”字，是对一个人看到器皿中的财富流下口水的生动写照。

在家庭中如何培养孩子的书写能力?

汉字见证了五千年辉煌灿烂的中华文明，积累凝聚了丰富深厚的华夏文化，是中华民族源远流长、富有生命力的文化载体。如何让中华民族的世世代代铭记汉字书写之优美，挖掘汉字文化内涵，传承汉字艺术精髓，提升汉字文化的影响力和传播力，是我们每一代人，尤其是教师、也是家长必须完成的使命。

（1）从认字开始，欣赏汉字之美。

每个孩子天生爱美，而汉字之美，正好符合了他们的需要，只要教育得法，孩子就能够在愉快的审美过程中自然而然掌握汉字。我们每个人都可以回忆一下，小时候认识“山”“日”“月”，根本不需要死记硬背。现在小学使用的全国统一的语文课本，就是改成先从认识方块字开始，效果不错。

（2）结合运用汉字，理解汉字之美。

认识一个个汉字是学好母语的基础，但是真正掌握母语，是在长期的运用汉字过程中逐步实现的。通过学习诗词歌赋、谚语寓言、历史文献，通过用汉字写文章表达自己的思想感情，我们不仅继承了中华文化，也进一步理解了汉字之美。

（3）深入学习汉字，继承中华文化精髓。

字如其人。一个人的性子或急躁、或沉稳，或深谋远虑、或拘谨小心，都直白地流露在笔尖的墨迹里，这是书写各种文字共有的特点。但字体作为一种艺术，尤其是书法，却是中国独一无二的。“羲献父子、颜筋柳骨、颠张醉素”，使书法作为文人的技能登上大雅之堂，早早跻身“琴棋书画”四技的行列。因此，通过汉字还能看出每个人的文化水平和道德修养。也可以说，练习写汉字，本身就是修身养性的良药。所以，书法也是家庭美育不可缺少的内容。

4. 画

在家庭进行美育，必须重视艺术教育，因为艺术教育是美育中最主要的内容和手段。艺术教育包括语言艺术教育、造型艺术教育、表演艺术教育和综合艺术教育。

绘画、雕塑、艺术摄影等都属于造型艺术。

应该说，确立人自身的美是学习造型艺术的根本目的，而美的源泉来自外部世界。苏霍姆林斯基指出："美育最重要的任务是教会孩子能从周围世界（大自然、艺术、人们关系）的美中看到精神的高尚、善良、真挚，并以此为基础确立自身的美。你一旦能面对美发出惊叹，你心灵里也会有美绽放。"

所以，当我们和孩子一起欣赏绘画与听音乐是一样的，也是施加情感—审美影响的一种复杂的方法。但是，由于童年时期思维的具体性、形象性，我们直接向孩子揭示造型艺术的内容（如有的造型艺术的内容采取了比较含蓄的表达方法），就会有一定的困难。所以，我们还需要采取一些具体措施加以训练。

（1）直接观察大自然。

许多家长可能还不知道，理解绘画作品最初的训练，应该是直接观察大自然。为了让每一个孩子能看懂，并能体验和爱上绘画作品，就必须让他们在自然界经历长期的情感教育。在童年时代，每个人都应该学习去发现大自然的美，通过这个过程，儿童的精神生活与大自然之间似乎被一条条智力的、情感的、审美的、创造的纽带联系在一起。

苏霍姆林斯基回忆道："我努力使我们去大自然的每次旅行、使每次与周围世界的美的会面，都能在儿童和少年的心灵中留下点滴欢快，这是使对艺术作品的重复观赏成为情感发展的一个新阶段的重要条件。"①

"……这个男孩子就能从傍晚的昏暗所笼罩的树丛中看出一头暴怒的公牛来。这不单纯是小孩的幻想游戏，它同时也是思维的艺术因素、诗的因素。同是这些树丛，另一个孩子则从中看到另一种东西，属于他自己的东西——他在形象中加进了他个人感知、想象和思维的特点。每个孩子不光在感知，而且也在描

① 〔苏〕苏霍姆林斯基：《育人三部曲》，人民教育出版社1998年出版，47页。

绘、在制造、在创作。儿童对世界的视觉是一种特殊的艺术创作，被孩子感知同时也是被创造的形象，都带有明显的感情色彩。儿童在感知周围世界的形象并通过幻想往里添加什么东西的时候，他们也在体验极大的快乐。”[①]

我们许多家长也有同样的体会：有一位家长，他多次带孩子到植物园去活动，有时候是在远处，专门欣赏广阔的茂密树林，有时候是在近处，聚精会神地欣赏花蕊和叶脉。这样做的结果是：即使是一棵普普通通的树，孩子也能在任何一个季节、任何一个时间、任何一种天气下，看到这棵树的最富于细微差别的美。

通过这种训练，孩子的审美能力提高了。他们开始发现，每天匆匆路过的道路两旁的树木，一棵棵的树，原来都是那么美；在家里，平时司空见惯的盆花，竟然也是那么鲜艳夺目。于是，孩子个个都好像长了一双会发现的眼睛，每天都会兴高采烈地向家人诉说他们对美的新发现。

（2）观赏绘画等艺术品。

在观察大自然的基础上，孩子对大自然产生了感情，有了一定的审美能力，就会带着欣赏大自然美的记忆，再去观赏绘画等艺术品。组织孩子到美术馆或者在家里观赏绘画，就是为了让他们加深对事物的认识，尤其重要的是，在这个过程中加深对情感世界的体验和认识。

孩子的每一次观赏，都能从中看到某种新的东西。对绘画作品的反复观赏能丰富和发展情感记忆，培养对美的感知的敏锐性。正是由于反复地感知，造型艺术才逐步地进入了孩子的精神生活中。

怎样通过这样的艺术作品去揭示真正的人类的美？这种美怎样才能使人的情感得到升华？

苏霍姆林斯基的做法是：“我把反映人——崇高理想的斗士的道德美、道德功勋的绘画作品，放在第一位。”[②]

肖像画是对孩子进行智力教育、情感教育和审美教育的一种特别有力的手

① 〔苏〕苏霍姆林斯基：《育人三部曲》，人民教育出版社1998年出版，47页。

② 同上，625页。

段，在我们的教育工作体系中，是占有重要地位的一项工作——它能培养孩子感觉人的能力，这种能力就是用自己的心去感觉他人心灵的最细微的运动，善于从他人的眼中看到他的痛苦、委屈、忧患、不安、孤独。而最重要的是，必须善于引导孩子，能够从自己的亲人眼中看到和感觉到，他需要别人的同情和帮助。

教育工作中最细微、也是最困难的问题之一，就是培养孩子在情感上对他人的思想和情感非常敏感并富有同情心。而眼睛就是思想和情感的镜子，眼睛是反映思想、情感、体验的最复杂内心世界的窗口。而观赏肖像画能够帮助孩子提高这种能力。

（1）激发孩子进行绘画、雕塑、艺术摄影。

在家庭中，培养孩子绘画、雕塑、艺术摄影等这些造型艺术能力，应该不拘一格、因地制宜、因陋就简。最重要的是让孩子不仅参与审美活动，还要尽可能多地参与创造美的立美活动。

比如，家庭布置让孩子参与设计、制作。中国的许多节日和民间活动，都给孩子提供了许多进行艺术创作的机会。比如，中秋节做面食，可以用面团捏出鸡、鸭、猪、牛等；元宵节可以绘花灯；等等。

（2）家长要善于通过语言帮助孩子欣赏绘画。

在赏析达·芬奇等人的名画时，家长必须善于把感知的审美修养与语言联系起来。家长的每一句话应成为一种情感—审美的刺激因素，才能激发出富有诗意的思维。只有有了富有诗意的思维与语言，才能对人产生深刻的审美感。

看齐白石画鸳鸯与荷叶

1951年，我在北京师大附中读初一，由于我酷爱画画，就报名参加了邓海帆老师组织的美术小组，成为一名画画积极分子。一天，我们8名小孩子——热爱美术的积极分子，由中国少年报社的编辑带领，去拜访著名画家齐白石。

齐白石的住宅是一个典型的北京四合院。最引人注目的是，不大的院子里满是水缸、花盆，房檐上挂着大大小小的鸟笼，墙角摆满了虫罐，不时传来鸟叫虫鸣声。齐白石的弟子告诉我们：齐白石在这里植树栽花、饲鸟养鱼，是为了近距离仔细观察它们，以便更好地创作。

没有多说什么，齐白石老爷爷就着意要教我们画画。只见他拿起一根像小笤帚似的大笔，蘸饱了墨汁，刷！刷！刷！大笔迅速地在画纸上走过。那个动作，在一刹那，一个93岁的老人利索得像个小伙子。当时，我们都看傻了。没想到，画画竟像练武术，有这么大气魄！随着画笔的一起一伏，落在纸上一大片有浓有淡的墨迹，我们一时看不出是什么。过一会儿，齐白石老爷爷轻轻地加了几笔之后，立刻，几片硕大多汁的荷叶显现出来了。由于我小时候生活在四川农村，住在荷塘边，因此对荷叶十分熟悉，觉得齐白石老爷爷画的荷叶，美在富有生命力。

接着、齐白石老爷爷又教我们画鸳鸯，在画鸳鸯眼睛的时候，他停下来，歪过脑袋看着我们，特意告诉我们："画眼睛的时候，注意不要画得溜圆，像庙里的菩萨眼睛那样。要画得有点扁，才有神呢！"我看他画鸳鸯眼珠的时候，的确顿了一下笔，是一个不规则的圆，但画出的眼睛却活了起来。齐白石老爷爷的那几句话，至今还深深地留在我记忆中。

（3）从绘画回到大自然、回到生活。

如果孩子能够把在画中所看到的秋天景色与此时此刻大自然中的景色进行对比，这就是打开了情感记忆的源泉。这时候，孩子往往会萌生一种热切的愿望，想再看一看金色的秋天，当然不是在画中，而是在生动的大自然中。可是，现在已经不是秋天了，怎么办？于是，这时候对艺术作品的兴趣就提高了。

苏霍姆林斯基主张：让每一个孩子，能够在大自然中发现并且爱上一个属于自己的、独特的、唯一的角落——美丽角。这种角落的选择，既和孩子过去记忆中积累的绘画作品有关。例如，酷似《清明上河图》上某一个地点，或者很像《富春山居图》中某一个景象。也可能与生活中的事件有关。例如，为了孩子要给敬老院的老人们送去丰收的苹果，对苹果树就会倍加爱护；为了给老师送上玫瑰花，就会精心照料一个花圃。总之，美丽角应该和孩子有着强烈的情感联系。

苏霍姆林斯基强调："如果一个人不能对周围世界进行细致的情感、审美观察，他就不能当教师。"在孩子身边常常会发生许多事情，如果家长和教师没有抓住，这对于道德教育和情感教育来说是无可挽回的损失，而为什么家长和教师没有发现？是因为家长和教师自己没有养成和发展对世界进行情感、审美观察的能力。这种能力不是什么天赋的精神品质，只有通过生活才能获得、理解、养成、完善这种能力，而且还能更聪明地运用这种能力。

有一位美术教师，在三八节前布置孩子画一张送给母亲的画，而且要求母亲亲自打分。这个家校合作的任务，极大地激发了孩子的积极性。

可是等作业收上来，老师发现有一张画画的是马。老师好奇地问孩子："莫非你的母亲喜欢马？"孩子回答："不，是我父亲喜欢马。"老师着急地说："这是给母亲的礼物，怎么画父亲喜欢的马呢？"孩子从容地解释道："我观察到母亲和父亲最近在闹矛盾，为了促使他们俩和好，我故意画了这张画……"

这位教师在家校合作的作业中及时发现了孩子的美好心灵，并立即在全班展开了一次成功的审美—情感教育。

（三）舞蹈、戏剧

1. 舞蹈

舞蹈是以身体为语言作"心智交流"的运动表达艺术，一般有音乐伴奏，以有节奏的动作为主要表现手段的艺术形式。在人类文明起源前，舞蹈在仪式、礼仪、庆典和娱乐方面都十分重要。中国在五千年以前的奴隶社会，就已经出现了舞蹈，发展到秦汉之际已形成一定的特色。

舞蹈是一种有益身心健康的活动，增强体质，使人性格变得开朗，是纾解情绪的好方法。舞蹈可以让人身材曲线变得更美，身体变得柔软。舞蹈对肌肉的刺激则是全面性、综合性的，它的动作兼顾到头、颈、胸、腿、髋等部位。

舞蹈是时间与空间的艺术，是用身体和节奏表现思想感情的。舞蹈者在表现自己的同时，还培养了自信和气质。

每个孩子都有舞蹈的潜质。婴儿高兴的时候，不由得手舞足蹈；儿童一听到节奏感强烈的音乐，往往会情不自禁地发明一些动作进行配合。这时候，如果运用恰当的教育，就会培养起来一种很好的舞蹈素养。

（1）提倡在家庭中开展舞蹈活动。

舞蹈艺术是家庭艺术教育的重要内容之一，也是儿童喜闻乐见的艺术形式。舞蹈要求动作优美，富有表情和节奏感，它一般与音乐相结合，给人以美的感受，可以培养孩子健美的形体和韵律感。

舞蹈动作大部分来源于人的自然动作，也有一部分是对鸟兽等动作和自然物的模拟。我国的传统舞蹈与武术有着密切的关系。舞蹈可以给孩子的生活带来许多快乐，根据儿童的生理、心理特点和理解、感受、表达能力，应该让儿童学习适合其接受能力的舞蹈。

儿童舞蹈动作的一般特点是：模拟动作较多，模拟动作与基本舞蹈动作相结合；有韵律，节奏明快、活泼；动作协调、优美。家长在进行家庭舞蹈教育时，要注意培养他们舞蹈的正确姿势，发展基本动作的技能技巧，提高对音乐的感受能力，让儿童随着音乐节律的变化，用动作表达感情。同时，还要注意培养儿童的节奏感，让他们运用动作造型、动作速度、力度的变化去传情达意，使儿童在轻快活泼的旋律中感受舞蹈美、领悟舞蹈的内涵，达到舞蹈教育的目的。①

（2）开展儿童舞蹈活动需要注意的问题。

首先，要了解儿童。所谓了解儿童，就是要了解儿童生理、心理的特点。从生理的角度来看，儿童骨骼较软，容易变形，弹力小，收缩力差，容易疲劳，而他们的大脑发育很快，容易兴奋，而且弹跳力较好。所以，在选择儿童舞蹈教学内容时，就要考虑到儿童身体发展的自然规律，动作力求舒展，短促有力，节奏欢快，从而表现他们活泼可爱的性格。

在上课时我发现，6岁以下的孩子在做压胯练习、压腰练习时，其软度非常好，但感觉孩子在做动作时有气无力，松松散散。

儿童舞蹈教学要抓住儿童的特点。为了解决发现的问题，我选了一些节奏鲜明、动感很强、歌词朗朗上口的音乐来配合练习。当孩子们在听音乐时，我先不刻意强调规范动作，而是先交流。我问孩子们：你们觉得这音乐听起来是高兴，还是难过？是有劲的，还是听着就想休息？这时，孩子会你一言、我一语地回答你提出的问题，描述他对音乐的感受。这样让孩子们听

① 缪建东：《家庭教育》，北京师范大学出版社1985年出版，186页。

觉上把音乐的位置感找着，然后，让孩子们自己去根据音乐做一些形体动作。比如，在做地面压腿时，我让孩子们坐在地上，根据他们听的音乐感觉去做动作，这时教师不要过分强调动作的规范，比如脚直、上身立等，然后从他们做动作的过程中发现问题、指出问题并改正问题。

其次，要通过教学的舞蹈内容解决儿童注意力不集中的问题。儿童好奇、好动、好模仿，易幻想，内心感情外露，注意力不够集中。因此，我认为要善于从儿童的生活实践经验中，采用拟人化的动物动作、具有童话或科学幻想般的舞蹈形式，用短小、形象、生动活泼、故事性强的舞蹈特点，培养儿童对舞蹈的兴趣，使他们感到亲切易学、易接受，并逐步养成良好的学习习惯。

第三，所谓儿童舞蹈就必须从内容上反映儿童的生活和他们的情趣，而不能是成人舞蹈的再版。所以，在教学内容的选择上，必须表现儿童的喜、怒、哀、乐，并加以提炼，成为反映儿童生活的舞蹈。

（3）如何激发孩子学舞蹈的兴趣。

舞蹈是美的化身，是用形体表现的艺术造型。许多家长都希望自己的孩子能歌善舞，但仍然会有一些孩子对舞蹈不感兴趣。那怎样才能培养孩子对舞蹈的兴趣呢？

一是家长最好自己也对舞蹈感兴趣。因为成人的举止、言谈、爱好，对孩子能起到潜移默化的感染作用。

二是家长可以利用电视、电影等传播媒介，有意识地带孩子观看舞蹈表演，让孩子从中感受到舞蹈的优美，激发孩子的舞蹈兴趣。平时，可以经常带孩子参加一些集体活动，让孩子感知艺术美，让优美的舞姿吸引孩子。

三是为孩子创造一个美的环境。如窗户上可剪贴一些舞蹈造型的窗花，墙壁上可以剪贴一些舞蹈形体图，书橱里为孩子添置一些舞蹈画册等。让孩子观察、模仿、阅读，使孩子的生活空间充满舞蹈情趣，并由此对舞蹈产生兴趣。此外，还可以经常播放一些优美、抒情、活泼的乐曲及孩子喜爱的乐曲，让孩子听一听、跳一跳。也可以采用一些有关小动物的乐曲，让孩子伴随乐曲蹦蹦跳跳，感受一下情趣。因为小动物形象生动，对孩子有吸引力，让孩子在音乐声中模仿小动物的动作，在观察中加以美化和创造。

四是召开家庭音乐会。和孩子一起表演节目，一方面可以提高孩子对舞蹈的兴趣，另一方面家长可以与孩子进行沟通。根据孩子的爱好，制作一些动物头饰、服装、道具等，使孩子在愉快、欢乐、轻松的情境中，感受到舞蹈的高雅情趣。

五是家长可以给孩子讲一些关于艺术方面的知识，在舞蹈动作上加以儿童化、趣味化，以艺术化的语言来激发孩子对舞蹈的兴趣。久而久之，孩子一定会对舞蹈产生浓厚的兴趣。

2. 戏剧

为什么所有的孩子对木偶戏极其着迷？为什么一些名校和名师都不约而同地十分重视戏剧等综合艺术教育？

例如，苏霍姆林斯基的帕夫雷什学校，成立了木偶戏剧团和话剧小组；美国第56号教室，雷夫老师领导孩子们每年排练一出莎士比亚的戏剧；北京的十一学校，话剧团是学校最受学生欢迎的社团之一，北京不少中小学校，英语戏剧蹿红校园。原因就是戏剧等综合艺术教育有其他艺术形式没有的独特的美育功能，它是最贴近生活、最震撼人心的艺术形式，是受到欢迎的一种重要思想教育手段，是发现和培养各式各样人才的又一途径。

家校合作的戏剧活动案例：

当童年遇上戏剧

多年来，回民实验小学坚持戏剧教育的办学特色，探索并实践戏剧教育一体化实施路径。

在校园里，民族教育和艺术教育相得益彰。回民实验小学金帆艺术团班级剧组、年级剧组、学校剧团，分别进行语文剧场、皮影剧和歌舞剧的展演。语文剧场是以自然班为单位，为学生提供了学习语文的情景场、体验场、实践场，把学习探索过程多维立体呈现，用戏剧教学方式培养学生的语文素养。

当天的演出现场，呈现了古代故事《西门豹》的教学片段，学生在小剧场中与剧中人物对话、讨论剧情、展示自身成长过程等，真正“让学生站在学习中央”。小学语文中的《七颗钻石》也被学生搬上舞台，并被改编成皮影剧《爱，能点亮那颗心》。

更让人惊讶的是，这个剧还从三个维度弘扬了社会主义核心价值观：第一，剧目根据俄国著名作家列夫·托尔斯泰的童话《七颗钻石》改编而成，洋童话从不同的文化视角演绎了永恒的爱的故事；第二，剧目排演中，将传统文化中的皮影艺术自然融入，不仅突出表现了童话故事神奇的特点，还体现了对传统文化的传承；第三，教育资源多元性的特点在演出中充分呈现。

现实生活中一对真正的父女和一对真正的母女成了剧中的亮点，家长的真情出演再次表现出学校戏剧课程深入了每一个家庭，也加深了亲子关系。歌舞剧《潘冬子的成长》是学校红色经典剧目《闪闪的红星》的升级版，在建党95周年之际突出了“做党的好孩子”“在党旗下茁壮成长”的主题。故事主线更加清晰，人物形象由神坛走下，更加符合现代儿童的认知规律，语言表达也更加生活化。

（1）戏剧等综合艺术教育有独特的美育功能。

苏霍姆林斯基指出：“感知美和理解美是审美教育和审美修养的基础和核心，离开这个核心，对生活中一切高尚的东西都会没有感情、失去知觉。教育者最重要的任务，就是要使儿童、少年和青年形成关于人的美、关于人的思想、情感和体验中的高尚神圣东西的观念。我们要使这种观念成为有血有肉的东西——用具有高尚道德行为的生动实例来充实它。”①

那么，到哪里寻找生动实例呢？除了日常生活以外，戏剧等综合艺术教育就是一个最好的选择。因为它最贴近生活，有三个其他艺术形式缺少的独特功能：

一是戏剧和影视艺术等综合了绘画、文学、音乐、舞蹈、摄影等艺术的各种元素，综合之后又生发了“源于生活，高于生活”的独特美育功能。它使每个人在观看时，各种感官全部进入充分感知的状态，戏剧让人们在艺术中得到审美的

① 肖甦主编译：《苏霍姆林斯基教育智慧格言》，人民教育出版社2014年出版，222页。

满足。例如，“中国戏曲……通过音乐舞蹈、唱腔、表演，把作为中国文艺灵魂的抒情性和线的艺术，发展到又一个空前绝后、独一无二的综合境界。它实际上并不以文学内容取胜，而是以艺术形式取胜，也就是以美取胜。”①

二是戏剧等艺术是最接近生活的表现形式，它最逼真、具体、可信，能够打动人。观看戏剧时，每个人都感同身受。在剧院中，常常看到观众一会儿哈哈大笑，一会儿痛哭流涕，即使散场后，心绪仍然不能平静。艺术史上曾多次记载过，例如中国的《白毛女》在上演时，观众忘了自己是在看戏，竟发生了向演员开枪的事件。

三是戏剧等艺术将生活中复杂的、分散的矛盾和冲突，加以提炼和浓缩在有限的时间和空间，出现强烈的剧场效果，最容易激起观众的情感共鸣。这种占时间少、内容精的形式是青少年儿童教育最好的手段，所以应该在学校、家庭教育中大力提倡。

2016年，我在国家大剧院观看了著名演员冯宪珍演出的《办公室的故事》。一个小小的舞台，有限的几个人物，就能够把每个人的内心世界和当时社会上的流行文化展现得淋漓尽致，剧场里不时发出一次次会心的笑声。在演出后的座谈会上，我请冯宪珍说一说：如何培养下一代青少年儿童热爱戏剧？她说：戏剧是伟大的艺术，应该多让孩子们接触。剧场里，演员和观众在同一个空间，是平等的……要让学生理解戏剧的伟大不同于其他艺术。西方文化好像对戏剧比较重视，而当代中国，电视等传媒对年轻人更有吸引力。现在，我们需要先让学生多接触戏剧，再逐步了解戏剧，最终喜欢戏剧。

（2）戏剧能够给儿童的记忆留下深刻的印象。

“毫无疑问，一个人美感和情感的发展在很大程度上取决于儿童时期对审美能力的培养。鉴于这种情况，我们竭力使儿童易于理解和接受的大自然、周围环境、诗歌、造型艺术、音乐的美，在儿童的记忆中留下深刻的印象。”②

我们在乌克兰参观首都基辅苏霍姆林斯基幼儿园获得最深刻的印象，就是孩

---

① 李泽厚：《美的历程》，天津社会科学出版社2001年出版，314页。

② 肖甦主编译：《苏霍姆林斯基教育智慧格言》，人民教育出版社2014年出版，223页。

子们演出的童话剧。

幼儿们演出的是苏霍姆林斯基编写的童话剧《一个苹果的故事》。演出时，孩子们完全沉浸在剧情中，两个小姑娘表演怎样克服困难、勤奋劳动，种了一棵苹果树，然后是全家人浇水、除虫，尽心照看。

秋天到了，树上结出红红的大苹果，姐妹俩摘了一个大苹果，送到母亲那里，母亲把苹果分成两半，但孩子们说，还有妈妈没有得到呢！妈妈说，是啊！分成三瓣也不够，整个村子里还有很多人没有尝到苹果，全世界还有许许多多的人……怎么办呢？

于是，在场的幼儿们开始了极其认真的讨论：怎么让全世界的人都能够吃到大苹果？

整个表演在音乐的伴奏声中缓慢进行，孩子们全都被童话剧感染了，他们在想，好事情怎么能够让全世界的人共享？这个演出真是寓意深远啊！

我在少年宫工作的时候，曾经担任过木偶戏小组活动的辅导员。我发现，孩子们极其喜欢木偶戏，不论是演员还是观众，都会被木偶演出所陶醉。即使我们演出一个小节目：描述一个爱随地吐痰的老爷爷总改不了这个坏习惯、一次次重犯错误的狼狈情节时，孩子们一个个哈哈大笑、前仰后合，而且一次次要求再演出。

这样一个简单情节，为什么孩子们多次要求“再演一遍”？就是因为在这个过程中，孩子们得到的是一种审美享受。通过木偶戏这种综合艺术，夸张的人物造型、动听的音乐、生动的台词、有趣的动作，使孩子们的感官、想象、期盼、道德需求都能够反复得到快乐的满足，教育就是在这种润物细无声中悄悄进行的。

（3）多一个平台，就多发现一批人才。

美国第56号教室的优秀教师霍夫在一个班里长期坚持艺术教育，他们每年制作、演出一出完整的莎士比亚剧。[①]当地居民高度赞赏“霍伯特的小小莎士比亚们”。

霍夫为什么十分重视艺术教育，他是极有远见的。他说：“接触艺术教育的孩子学到的，远远超过他们所学的艺术本身。”他认为演出是“关乎语言、音乐、团队合作、冒险、纪律、勤勉，以及自我发现”。他说：“我们的目的是学习语言的力量和团队合作的乐趣。”

每个同学都是自愿参加戏剧小组，因为这个活动要“耗费他们一年的时间，也意味着他们必须放弃电视、电玩，以及流行文化”。

他们亲自制作服装、布景，一遍又一遍地读台词；在演出中场休息时，小演员们自己并不休息，而是为观众送上点心和饮料。演出结束后，他们虽然非常疲劳，但还是要坚持自己打扫卫生。

我在一个初中实验班进行自我教育实验研究时，发现这个班的生源比较差，学习困难和品德欠佳的学生几乎占了三分之一，平时文化课很难上，活动就更难搞了。但是在排练《东郭先生和狼》这出话剧的过程中，我却发现到处都是人才。他们主动制定纪律，自行维持秩序。自愿报名想不到那么踊跃，像“导演”这样高要求的任务，竟然也有三个人竞争；“东郭先生”这个角色台词最多，也是多人竞争。“驴”这个特殊角色，也有人不怕别人开玩笑，主动请缨。准备服装、道具是个烦琐的幕后工作，也有好几个人主动承担。

这个活动发现了许多人才：一位出色的导演，他能够理解剧情，调动每个演员的积极性，使他们恰当地演出每个角色，而他平时是一个所谓的个别生；一位出色的演员，沉浸在剧中，活灵活现，而他在课堂上是一个闹将；一个学生，默默无闻地为演出找来了服装、道具，而她是一位学习成绩不太好的所谓后进生。还有一位平时稀里糊涂、打打闹闹的长不大的学生，现在看到别人个个如鱼得水，都找到了自己的位置，自己什么也不会，开始变得沉默了。这个沉默也可能是好事，可能会爆发新的动力！

① 〔美〕艾斯奎斯：《第56号教室的奇迹》，中国城市出版社2009年出版，211页。

在家庭中同样可以建立这样的平台。本书前面介绍了张家四姐妹从小在家中学习昆曲艺术，最后成为终生爱好，为传播中华民族优秀戏剧艺术作出了重要贡献。

（4）舞台能培养孩子们的创造性 。

不同层次的戏剧等综合艺术适合不同年龄孩子的发展需要。戏剧艺术综合了绘画、文学、音乐、舞蹈、摄影等艺术的各种元素，能够为有着不同潜能的学生提供创造的舞台。

幼儿和低年级学生富于想象，童话剧、木偶剧，甚至利用玩具扮演各种角色，他们都能够进行再创造。

“每次去童话室，孩子们总想玩一会儿。不管是男生还是女生，他们都能找到心爱的木偶或玩具，把游戏变为创造性的活动：孩子们成了童话中的角色，而木偶在他们手中则帮助他们更好地表达思想和感情。”“如果我能使一个在思维发展上遇到很大困难的孩子想出一个童话故事来，并在想象中把周围的几件事物联系起来，那我就可以满怀信心地说这个孩子已经学会思考了。”

“创作童话故事对孩子们来说，是一种最有趣的、富有诗意的创作活动。同时，这也是发展智力的重要手段。”（苏霍姆林斯基）

中小学生在课堂上可以在课本剧中发挥自己的创造能力。

学生被动地接受一篇课文，还是主动去模仿、演出一个课本剧，最后出现的效果可能会有天壤之别。由于学生大多数没有演出的经验，排练课本剧的最初阶段，最好以“雕塑剧”形式出现。雕塑剧的特点是，演员只需要摆出一个恰当的姿势，不需要有动作，更不需要说台词，台词由另外一个同学在一旁负责朗读。这样可以把演出的难点分散，负责形象的专门攻克形象塑造，负责台词的专门攻克朗读。

研究表明，特殊的戏剧还能够帮助学生克服胆怯心理，这就是木偶剧、皮影剧、手影剧的特殊功能。因为这种演出演员隐藏在幕后，不直接和观众见面，能够相当程度上减少羞愧、恐惧，有利于学生大胆在幕后表演。许多经验说明，口吃的学生、胆子小的学生，尤其是学习外语张不开嘴的学生，通过这种演出竟然都有惊人的进步。

总之，由于是综合艺术教育，所以，不仅有表演潜能的学生可以发挥自己的创造性。其他学生根据演出的需要，在绘画、文学、音乐、舞蹈、摄影、电脑技术、舞台设计等方面都可以发挥自己的创造性。

（5）家庭中的戏剧入门。

既然戏剧很受孩子们欢迎，在塑造孩子心灵方面有独特的作用，那么，作为家长，我们除了支持孩子积极参加学校的戏剧活动之外，在家庭中，我们为什么不可以利用戏剧的这种优势建立家庭小剧场呢？

其实，家庭中的戏剧活动在游戏中已经开始了。孩子扮演医生、扮演警察，动情地进行惟妙惟肖的模仿，这就是戏剧的雏形。

然后，可以提高一步，进入角色朗诵。先选择好的、大家喜欢的脚本，全家分配角色，分别准备，开始按照角色进行对话朗诵。有条件的可以录音、录像，之后大家进行回放，这时候既是一次高高兴兴的享受，也是一次实实在在的审美提高。

如果孩子比较小，能力暂时还跟不上，可以先进行“雕塑剧”排练。把身体表演和朗诵分开，难度降低，成就感会比较强。当然，也不要忘了录像、留影。

在家庭中，我最想推荐的是建立木偶小组，因为它制作比较简单，甚至利用现有的洋娃娃和各种动物玩具就可以。设备可以因陋就简，不需要舞台和布景——在桌子和沙发后面表演就可以。

当孩子被木偶艺术吸引之后，他会热情地投入编写剧本、练习表演、制作木偶、制作布景、研究灯光音响等方面。这时候，什么胆子小、写作文没材料，甚至手机的诱惑，都会比较好地解决了。

七、家庭与科学之美

美是真理的光辉。
——拉丁格言

是否存在着科学美？在理论界认识还没有统一，但是“不真的东西就不美”“以美引真”美育对创造性思维的促进，这些都是客观事实。至少，科学与审美有许多相通之处，家庭中的科学之美是可以探索的。

在一个全国规模的审美素质调查，在“审美行为”中，列入了一项“欣赏科学”，其中内容包括了科学美——即能根据基本美学原则和形式特征，对科学活动、科学理论及科学产品进行审美。①

我们就先从事实出发，探讨家庭中的科学之美，慢慢再在有条件的时候，进一步进行理论的探索与提升。

（一）科学家们推崇科学美

庞加莱是法国数学家、物理学家、天文学家。他在《科学与方法》中对“科学美”的概念进行了界定，并认为“科学美”在科学创造中具有重要的作用。

庞加莱认为，科学家并不是因为自然有用才进行研究，而是因为能从中得到愉快，这种愉快来源于自然的美。他说：“如果自然不美，就没有了解的价值，

① 赵伶俐等：《中国公民审美心理实证研究》，北京大学出版社2010年出版，36页。

人生也就失去了存在的价值。当然，我这里并不是说那种触动感官的美、那种属性美和外表美。虽然，我绝非轻视这种美，但这种美和科学毫无关系。我所指的是一种内在的（深奥的）美，它来自各部分的和谐秩序，并能为纯粹的理智所领会。”

庞加莱还认为，美感在科学研究中具有重要的作用。法国数学家阿达马，把彭加勒的思想概括为以下两点结论：“发明就是选择。这种选择不可避免地由科学上的美感所支配。”这两点结论，在20世纪的科学界产生重大的影响。

海森堡是德国的物理学家，对量子力学的建立做出了重大贡献。1932年获诺贝尔物理学奖。海森堡一再谈到科学美的问题。他在一次和爱因斯坦的谈话中说：“我被自然界向我们显示的数学体系的简单性和美强烈地吸引住了。”他又说，“自然界向人们展现的这种美，往往使人震惊。当他进行矩阵元的计算，一旦发现自己窥测到自然界异常美丽的内部时，感到狂喜，几乎快要晕眩了。”

海森堡做过一个题为“精密科学中美的含义”的讲演。在这个讲演中，他讨论了毕达哥拉斯的思想。他认为开普勒就是受到毕达哥拉斯的启发，把行星绕日运行同弦的振动相比较，从中探询行星轨道运动的和谐美，终于发现了运行的大规律。这是一种至高无上的美的联系。开普勒对于这种联系由他首次发现，有一种感恩的心情，他在《宇宙和谐论》一书结尾说：“感谢我主我们的创造者，您让我在您的作品中看见了美！”

海森堡认为，科学美就在于统一性和简单性：繁多的现象（“多”）被简单数学形式统一（“一”），由此便产生了科学美。

海森堡强调科学美在科学研究中的作用时说：“美对于发现真的重要意义，在一切时代都得到承认和重视。”他认为这句拉丁格言说明了，为什么探索者可以借助美的光辉来找到真理。①

杨振宁认为，理论物理学中存在着三种美：现象之美、理论描述之美、理论架构之美。“现象之美”是指物理现象之美。主要有两种：一种是一般人都能看到的，如天上的彩虹之美；一种是要有科学训练的人，通过科学实验才能观测到的，如行星轨道的椭圆之美、原子的谱线之美、超导性现象之美、元素周期表之美，等等。

① 叶朗：《美学原理》，北京大学出版社2009年出版，283—288页。

“理论描述之美”是指一些物理学定律，有一种很美的理论描述，如热力学的第一、第二定律就是对自然界某些基本性质的很美的理论描述。

“理论架构之美”是指一个物理学的定律公式化时，它趋向于一个美的数学架构。这种物理学的理论架构，“以极度浓缩的数学语言，写出了物理世界的基本结构”，是一种深层的美。杨振宁认为，牛顿的运动方程、麦克斯韦方程、爱因斯坦的狭义相对论与广义相对论方程、狄拉克方程、海森堡方程和其他五六个方程，是物理学理论架构的骨干，它们“达到了科学研究的最高境界”，可以说“是造物者的诗篇”。研究物理的人，在这些“造物者的诗篇”面前，会产生“一种庄严感，一种神圣感，一种初窥宇宙奥秘的畏惧感”，他们会感受到哥特式教堂想要体现的那种“崇高美、灵魂美、宗教美、最终极的美”。[①]

（二）科学美有两个特点

科学和艺术的结合是人类文化发展的趋势。因此，随着社会的全面发展，了解科学美的特点更有必要。

1. 简单与深远

庞加莱早就说过，因为简单性和深远性（或者叫伟大性）二者都是美的，所以我特别愿意寻求简单之事实以及深远（伟大）之事实。他认为人们瞻望星辰之运行，用显微镜考察奇异之世界，都是对简单和深远事实的寻求。古希腊的园柱以其最佳分布，承受了最大负荷，体现了“简单和伟大”。这概括了科学美的重要特征。

自然界的表现形式纷繁复杂，甚至杂乱无章，如果把这些现象一一罗列，那就无所谓科学及科学美可言。在繁杂之中概括出一种简洁明了的规律，会给人以一种美的感觉。面对几百个杂乱的数字不会有美的感觉，可是一见开普勒的T2=D3就会感到一种简洁的快感。这就是简单性带来的美感。

量子力学创始人之一海森堡和爱因斯坦做过一次长谈，谈到了共同感兴趣的简单性、美及真理的美学标准问题。他们认为简单性不只是思维的结果，而是自

---

① 杨振宁：《美和理论物理学》，转引自吴国盛主编《大学科学读本》，274页。参见《杨振宁文集》下册，华东师范大学出版社1998年出版，850—851页。

然规律的客观特征。海森堡说："如果自然界把我们引向极其简单而美丽的数学形式——我所说的形式是指假说、公理等的贯彻一致的体系——引向前人所未见过的形式，我们就不得不认为这种形式是'真的，它们是显示出自然界的真正特征'。"海森堡承认自己被自然界所显示的数学体系的简单性和美强烈地吸引住了。[①]

人们常说，大美至简。世界上的事物，走到终极，反而十分简单、单纯。真理也是以朴素为特点。真理是浓缩的精华，不需要烦琐的解释，简单与深远，给人的是一种美感，是一种只有人类才可以理解的美。

2. 统一与和谐

为什么一切空间图像都可以简化和抽象为点、线、面、体？为什么一切生物体都可以找到"细胞"这个简单结构？为什么一切微观粒子都可以建筑在"夸克"的简单假说上？为什么一切纷繁复杂的事物，都可以用简洁的形式来说明？其原因在于自然界本身的统一与和谐。这种统一与和谐的自然美，反映到自然科学的理论形态中，就显示出统一与和谐的科学美的规范。

守恒与对称，这与统一、和谐的观念紧密相连。守恒和对称会给人以一种圆满的、匀称的美感。从阿基米德的杠杆定律到开普勒第二定律表现的角动量守恒，以及动量守恒定律、能量守恒定律，都符合守恒的审美标准。物理学、化学中的许多"常数"，也是守恒思想的表现。

一个公式中加上了某一个常数，就具有更为普遍和谐的意义。在数学中，方程与图形的对称处处可见，这是数学美的重要标志。中心对称、轴对称、镜像对称都是使人愉悦的形式。笛卡尔建立的解析几何，是在数学方程式与几何图像之间建立了一种对称。狄拉克预言的正电子，与通常所说的带负电荷的电子是对称的。许多物理、化学、生物结构模型也是对称的，例如凯库勒的苯环结构式，华森、克里克提出的DNA双螺旋结构，都显示了一种对称的科学美。[②]

中国传统文化中，也充满了守恒与对称。楼堂馆所的建筑，服装饰品的设计，绘画作品中的布局，文字的间架结构，无不具有对称美，这也是每个在中国

---

① 瞿葆奎：《美育》，人民教育出版社1989年出版，698页。

② 同上，698—699页。

长大的孩子所熟悉的。它也正是家庭中探索科学美的可贵基础。

（三）科学美和艺术美相通

著名物理学家李政道曾说过："科学和艺术是不可分割的，就像一枚硬币的两面，它们共同基础是人类的创造力，它们追求的目标都是真理的普遍性。"李政道还说过，他觉得美术和真理，一个抓牢直觉，一个抓牢理性，异曲同工。

由此可以看出，美育不应只局限于艺术教育，更应深挖美育与科学的内在联系，寓美育于科学之中，只有这样才能实现每个孩子的全面发展，提升综合素养，达到美育的升华。

物理学领域的一些大师，如庞加莱、爱因斯坦、海森堡、狄拉克、杨振宁等人，他们都肯定"科学美"的存在。在他们看来，"科学美"主要表现为物理学理论、定律的简洁、对称、和谐、统一之美，也就是说，"科学美主要是一种数学美、形式美。"他们都指出，"科学美"是诉诸理智的，是一种理智美。他们都相信，物理世界的"美"和"真"（物理世界的规律和结构）是统一的，因而他们都强调，科学家对于美的追求，在物理学的研究中具有重要的作用。

但是，在科学美的领域，又存在着几个在理论上需要研究的问题：

第一，自然美、社会美、艺术美是审美意象，它们诉诸人的感性直觉，而"科学美"是用数学形态表现出来的物理学定律和理论架构，它诉诸人的理智。那么，从美的本体来说，科学美和自然美、社会美、艺术美能否统一？

第二，美感不是认识而是体验，它是超功利、超逻辑的，而科学美是一种数学美、逻辑美，它超功利，但并不超逻辑。那么，科学美的美感的性质、内涵和一般的美感就有重要的差别，是一个有待解决的问题。

第三，很多物理学家都认为从物理学研究的成果中可以感知宇宙的无限的存在，从而获得一种宇宙感。但是，物理学研究的成果是人类性活动的产物，而宇宙感则是一种超理性的体验，这就产生了一个问题，就是人们有没有可能从理性的领域进入超理性的领域的问题，也就是人们有没有可能从逻辑的"真"进入永恒存在的"真"，从形式美的感受进入宇宙无限整体美的感受的问题。[①]

第四，最重要的，提出这些问题，并不是想否定科学美的存在，恰恰相反，是考虑"有没有可能提出（发明）一种新的理论架构，把科学美与自然美、社会

---

① 叶朗：《美学原理》，北京大学出版社2009年出版，302页。

美、艺术美都包含在内”？

（四）发现孩子们身上的科学美

科学美，最核心的是创造性。那么，我们首先来探索一下，有创造性的孩子的个性特点有哪些？

家长是多么希望自己的孩子是一个21世纪需要的人才，十分希望他是一个有创造性的孩子。但是，有创造性的孩子的个性特点，并不一定是人们日常所理解和主观希望的那些。因此，有必要听听有关专家、学者更为深刻的看法。

专家、学者认为，有创造性的孩子的个性特点，至少应该具备以下几点：

1. 勇往直前

创造，必须勇敢，敢于勇往直前。因为，创造就是指在原来什么都没有的基础上产生的，要敢于怀疑，敢于否定，要冲破原有的习惯势力，这些都需要勇气；要面对大多数人的反对，这更需要勇气。对于那些为了坚持某个看法，敢于顽固地和你辩论的孩子，千万不要反感，先耐心听听他的理由，有没有有道理的某一部分？也许，他就是一个有创造性的孩子。

2. 有幽默感

富有幽默感的人，一定是思维非常灵活的人。由于他充满自信，心情总是轻松愉快，爱开玩笑，这是他在不断地进行“思想的游戏”。他拥有一种内在的自由，这才有助于创造性的产生。对于那些爱开玩笑的孩子，不要厌恶他们，因为这里有创造性的火花。当然，还要引导他们只开善意的玩笑，不搞恶作剧。

3. 独立性强

不能自主对待客观世界和自主对待主观世界的人，只能唯唯诺诺，就不可能有创造性。所以，有主见的人和死心眼儿不一样，他坚持的是自己经过反复思考，认真研究审慎得出来的结论，不会盲从。如果你的孩子总有自己的见解，你不要用家长的权威去压制他，而是要听听他是否有一定的道理。保护这，哪怕只有1%的合理部分，就是保护他的创造性。

4. 有恒心

执着，是创造性必不可少的前提。对某一问题，能长期集中意志力，才能在水到渠成时出现奇迹。你的孩子若能克服大大小小的困难，持之以恒地做一件事，甚至有时候旁若无人地发呆，你一定要大加鼓励，因为这是在思考，是迈向创造性不可缺少的一步。

5. 一丝不苟探索真理

总是“打破沙锅问到底”。追求真理的人，必然是对每一个结论一丝不苟。因为真理，不能有那么多随意性，它是严谨的、和谐的，马马虎虎是得不到它的。你的孩子如果总是马虎、稀里糊涂，那么创造就可能和他无缘。

6. 充满好奇

对什么都认为司空见惯、习以为常的人，是不会有创造性的。在无中看到有，在平常中看到奇特，这才是难得的品质。如果有的孩子对什么事物都充满浓厚的兴趣和好奇，先不要忙着责备他不专心，而是要观察他是否能继续保持浓厚的兴趣，把问题一直探索下去。

好奇，是创造性的最初表现，如果鼓励当代的孩子大胆提出问题，请人加以统计，我们相信，会大大地超过屈原在《天问》中提出的172个问题的。

但是，现实的情况告诉我们，随着年龄的增长，孩子主动提出问题，课堂上主动回答问题的情况，会越来越少，这是为什么呢?

孩子的创造性，经常是被成人的漫不经心给扼杀了。

在一次家长会上，一位家长忧心忡忡地向大家请教：我家孩子缺点十分严重，而且屡教不改，真让我没有办法！我们家的电器，除了电视机以外，几乎全都被他偷偷地给拆坏了。

对于这位家长提出的问题，大家进行了全面了解和分析，得出的结论正好和这位家长的结论相反：这个孩子所谓的严重缺点，恰恰是他的一个优点——好奇心原来，这个孩子在家中玩自动玩具时，总是觉得奇怪，总想知道那些玩具为什么能动，发现计算器能计算出那么多数字，也想搞清楚是怎么回事，于是情不自禁地就把它们拆开看看。他说：我想那个收音机里面，是不是有一些小人，不然怎么会唱出那么多优美的歌曲呢?

“那你为什么要偷偷地拆开呢?”

“因为我爸爸不让我拆开看，如果提出来，肯定会骂我一顿。”

“听说，为了这件事，你还经常挨打，那你为什么还要继续拆?”

“我总是忍不住想看个明白，而且我总以为拆开后能装好，可是真拆开以后，就装不上了。”

一个多么可爱，好奇心极强的孩子!

最后，大家把这孩子找来，为这个家庭出了个主意：以后先要学习知识，参加有关的科技小组，学习各种技术，在这个基础上，如果想了解哪个电器，先请有经验的人，让他为全家表演如何拆卸，如何再装上，然后全家人一起动手，学会这个本领。

孩子听了笑眯眯地表示同意。

（五）家庭中怎样培养科学美

1. 在观念上，首先要改变重视认知，忽视审美的倾向

家庭中要培养科学美，首先要清醒地知道，现在社会上占压倒性优势的舆论是“重视认知，忽视审美”。家长不在思想上战胜这个错误的认识，就很难迈开第一步。

刘绪源在《美与幼童》一书中说道：“美国学前教育同样忽略美育。……大出我所料，看美国版的大纲、还有他们所提供的其他国家的大纲，所注重的都还是健康、道德、认知、自我认识、数学能力……很少涉及审美。”在讨论中，谈到审美和美育，即使是美国来的专家（其中有不少哈佛的博士），也大都倾向于将美育理解为“通过艺术作品达到教育目的”，而并不怎么重视审美能力本身的培养，以及如何让儿童获得更多的审美乐趣和审美享受（如果这种享受不附带明确教育目的的话）。

通过这次合作，我才知道，关于儿童的心理发展，全世界所用的教材其实都

是差不多的，注意的重心都是儿童的“认知”。即使高明如皮亚杰，他的发生认识论、儿童心理学等，思考的中心也还是认知。认知通往理性，这是对人的理性的发展线索的梳理。人类对自己的思想、理性的偏重，在儿童心理研究上也明显凸现出来了。

那么，审美呢？儿童的审美心理发展对于人类究竟有多么重要？对此，有多少人在研究？其研究成果如何？这是我这些年来一直思考的问题。

我想着重探讨的也正是这样的问题，“即审美在人的心理发展中的位置，在人类精神生活中的位置，以及它在儿童期处于一种怎样的态势。”①

科学美和艺术美是相通的，科学和艺术也应该结合。人的心理应该分为理性和感性两大块，如果美育缺位，尤其是在早期，将对孩子心理的发展产生多么大的损失啊！这是每一位家长在家庭教育中，首先要考虑和解决的问题。

2. 由美引真

很多科学家都相信，对美的追求可以把我们引向对真理的发现。如科学家海森堡说：“美对于发现真理的重要意义，在一切时代都得到承认和重视。”他还说：“当大自然把我们引向一个前所未见的和异常美丽的数学形式时，我们将不得不相信它们是真的，它们揭示了大自然的奥秘。”美国物理学家阿·热说：“审美事实上已经成了当代物理学的驱力，物理学家已经发现了某些奇妙的东西：大自然在最基础的水平上是按美来设计的。”英国科学家麦卡里斯特说：“现代科学最引人注目的特征之一，就是许多科学家都相信他们的审美感觉能够引导他们到达真理。”②

对于孩子来说，同样是由美引真。美育一旦打开了他的精神世界，他就会开始思考，探索规律，尤其是少年期的孩子。“如果说儿童只是单纯地欣赏周围环境的美，那么，少年在赞叹美的同时，已不能不去思考，不去刨根问底地探索这种美的源泉。”③

---

① 刘绪源：《美与幼童——从婴幼儿看审美发生》，江苏凤凰少年儿童出版社2014年出版。

② 叶朗：《美学原理》，北京大学出版社2009年出版，293页。

③〔苏〕苏霍姆林斯基：《育人三部曲》，人民教育出版社1998年出版，606页。

我认识一位优秀班主任，她带的班活动内容十分丰富，从小学一年级开始，孩子们就读绘本，练习写诗，后来又编写话剧，排练童话剧。我当时内心有一点担心：这位教师是教文科的，所开展的活动大多是文学方面的，会不会影响孩子们对科学的喜爱？影响孩子们的全面发展？到了五年级，我发现我的想法有问题。因为孩子们对科学也同样产生了浓厚的兴趣。有一个孩子还参加了“编程之旅”，在全国编程大赛中取得了好成绩。

可见，早期的美育，有利于孩子们全方位的成长。正像苏霍姆林斯基所分析的那样：“审美知觉越深刻，他的思想的飞跃就越有力，他就越渴望通过自己的思想去看到更多的东西。”①

3. 重视直觉和想象

直觉是“不经过逻辑思维的过程，而直接地迅速地认知事物的思维过程”。

很多有原创性的物理学家都说，他们的创见是在灵感的一闪中获得的，不是一点一滴地推敲，也不是按逻辑过程进行分析推理，而是突然间，如有神助地出现了。当然，这种直觉还要经过艰苦的逻辑思考写成数学公式，但那是在灵感产生之后。所以爱因斯坦说：“逻辑思维并不能做出发明，它们只是用来捆束最后产品的包装。”

在历史上有许多这样的事实，就是艺术家在物理学家之前创造出新的图像表述，而后物理学家才归纳出有关世界的新观念，这也从一个侧面说明右脑的直觉、想象、灵感对于科学创新的重要性。②

科学美和直觉、想象力的关系更密切。因此在家庭中，要善于保护和激发孩子的直觉和想象力。

第一是保护。对于孩子有关直觉和想象力的表现，不要认为幼稚可笑，更不要讽刺打击。

新加坡的尤今心情沉重地写了一篇《给他们一个梦》，呼吁人们给孩子“精神的草原”，保护孩子“童稚的梦”。

---

① 〔苏〕苏霍姆林斯基：《育人三部曲》，人民教育出版社1998年出版，605页。

② 叶朗：《美学原理》，北京大学出版社2009年出版，297页。

大地有耳朵吗？

有。我相信有，是因为母亲说过它有。母亲绘声绘色地说：“人间每天都有许多有趣的事情发生。大地好奇，便把长长的耳朵伸出来倾听。”

天上的云有眼睛吗？

有。我相信有，是因为母亲说过它有。母亲煞有介事地说：“善良的云有一双明察秋毫的眼睛。它整日里在天上飘来飘去，看到人间发生不平的事、不快乐的事，便扑簌簌地掉下眼泪。我们把这泪唤为雨。”

海洋有嘴巴吗？

有。我相信有，是因为母亲说过它有。母亲言之凿凿地说：“海洋的嘴巴大大的、阔阔的，它喜欢唱歌。当它唱歌的时候，海涛便穿着镶上白色花边的裙子，一进一退地跳舞；海鸥呢，听得入神，看得入迷，在海洋的上空盘旋不去。”

火山有鼻子吗？

有。我相信有，是因为母亲说过它有。母亲指手画脚地说：“山的脾气极坏。当它生气的时候，圆圆的鼻孔便哧哧哧地冒出一团又一团白白的烟气。这时，人们便得赶快跑得远远的。因为啊，这是火山大发雷霆的前奏曲。紧接着，它便射出火焰，喷出熔岩。那些懒得跑的或者跑得不够快的人，全都会活活被它烧死！”

树木有手脚吗？

有。我相信有，是因为母亲说过它有。母亲口沫横飞地说：“树根是它的脚，树枝是它的手。你们可不要随意踏它的脚，更不要随便扭它的手，它会痛的哟！”

母亲随口编造的故事，为我的想象力装上了一对美丽的翅膀，带着我高高地飞；而那个声色娱乐匮乏的时代，又赋予了我一颗单纯的心，使我得以充分地浸浴于故事所带来的童趣里并深信不疑。等我略识之无而跌入由文字所酿造的醇酒内，我才于微醺中发现，口语的张力其实是远远不及文字的。

口述的故事就像是纸鸢，非常有趣。可是，它所能飞的高度有限，能提供思索的空间也极有限。文字的世界呢，却像连绵不断的风、强劲有力的风，能将你带到云深不知处，让你哭哭笑笑不能自已，让你反刍，让你思考，也让你的想象力无拘无束地扩展到极限。

如果说文字是大米，我便是老鼠；如果说文字是桑叶，我便是春蚕；如果说文字是落叶，我便是狂风；如果说文字是池塘，我便是锦鲤。

现在的孩童，不相信大地有耳朵、浮云有眼睛、海洋有嘴巴、火山有鼻子、树木有手脚。

之所以不相信，是因为他们的母亲，忙得没有讲故事的余暇和心情。

之所以不相信，也是因为泛滥的资讯，过早地戳破了他们童稚的梦。早熟的孩童，无趣地活在一个无梦的年代里。

一个无梦的孩子，肯定无法将快乐的绚丽色彩，织入人生的锦衣里。

能扭转乾坤的，只有文字。

把亲爱的孩童化成一只只可爱的绵羊，将他们放逐到文字广袤的草地上，让他们尽情地、尽量地嚼食文字的绿草，从中汲取精神的养分，寻觅人生的大乐趣。当文字的嫩草在孩子的味蕾上泛出令人难忘的甜味时，阅读便会让他们终生上瘾。

孩童与成人，都需要精神的草原啊！[①]

第二要鼓励和激发。鼓励孩子大胆想象——例如观察天空的云彩，描述它，想象它，然后激发他们编出云彩的童话。

鼓励和激发孩子们写诗。

在《孩子们的诗》这本书中，他们的想象力让人惊叹！

很　多

姜馨贺（四岁）

我挥挥手
就有很多手
我跑步
就有很多脚
小狗朝我摇尾巴

① 〔新加坡〕尤今：《给他们一个梦》，《父母课堂》2017年第9期。

就有很多尾巴
然后
我打秋千
就有很多我

我有一个小小的梦想

林茜（八岁）

我是一片小小的叶子
我有一个小小的梦想
我可以自由自在地飞
可以飞到地球的每个角落
我为了这个梦想
飘啊飘啊
即使掉到了小溪里
我还是好开心好开心的

挑妈妈

朱尔（八岁）

你问我出生前在做什么
我答我在天上挑妈妈
看见你了
觉得你特别好
想做你的儿子
又觉得自己可能没那个运气
没想到
第二天一早
我已经在你肚子里[①]

① 果麦：《孩子们的诗》，浙江文艺出版社2017年出版，6页。

八、家庭中的身体美

世界上没有比结实的肌肉和新鲜的皮肤更加美丽的衣裳。

——马雅可夫斯基

爱美之心人皆有之，人们自然少不了关注身体美。现在，身体美和自然美，社会美、艺术美一起，已经成为人类审美对象的四大领域之一。

身体美育就是以身体关怀为中心——引导人们追求美好的生活，是以身体美的塑造、欣赏和展现为中心的一种审美实践。但是目前，在教育界引导家长、师生去追求身体美，进行身体美育，是一个长期被忽视、被遗忘，甚至被误解的事情。家庭中的身体美育，更是很少提及，现在需要转变态度，尽快进行补救。

什么是身体美？怎样进行身体美育？

（一）家庭要关注身体的形象美

爱美的孩子没有错[①]

爱美之心人皆有之。孩子开始爱美了，说明他们的独立意识萌发了。孩子爱美没有错，关键是如何引导他正确看待美。父母在鼓励孩子爱美的同时，要告诉他们什么是真正的美。

我从小就很会梳头，喜欢给自己变换各种不同的发型。有一次，我在家

① 姚雪莉：《爱美的孩子没有错》，《父母课堂》2017年第4期。

里精心梳了好几个小辫，再把它们扎成一个高高的马尾去上学。结果，上数学课的时候，班主任老师盯着我看了好一会儿，然后当着全班同学的面说："姚雪莉，你梳这几个辫子的时间，能做多少道数学题？"在大家的哄笑声中，我红着脸不敢抬头，顿时觉得头上的几根小辫变成针尖插进了脑袋里。从那以后，我上学时再也不敢随意地变换发型了。

当我做了老师以后，也能体会当年班主任的苦心。但是，我对学生的穿衣打扮，绝没有过任何当众的指责，因为我深知那样会给孩子留下心理阴影。如果学生爱美真的过了，我会单独指出，并给出一些建议。

我教过一个学生叫可儿。小姑娘长得不漂亮，脸颊总是肿肿的，嘴唇也厚嘟嘟的。一些调皮的男同学爱叫她"发糕脸""香肠嘴"。

可儿很爱美，却不会打扮，经常把头发梳得乱七八糟，有时还戴些花花绿绿的头饰。同学们都爱嘲笑她，但她依然我行我素，觉得自己很美。

有一天上语文课，可儿的同桌举手告状："报告姚老师，可儿画了眉毛，抹了口红，还涂了指甲油！"

"真是臭美！"

"有一次，我还看见她穿她妈妈的高跟鞋。"

"你们看看她的头发像个疯婆子。""又丑又笨！"

班里一阵哄笑，可儿把头埋在臂弯里"呜呜"地哭了起来。

下课后，我牵着可儿去我的办公室，把她的脸洗干净，然后从包里拿出一根橡皮筋，帮她把散乱的头发扎成马尾。我问她："可儿，你平常都是自己梳头吗？""嗯。"她点点头说，"我妈妈一大早就要出去摆摊，没时间帮我，都是我自己穿衣服、自己梳头。"

"你真能干。老师小时候也很会梳头，梳各种马尾，还扎小辫儿呢！"

"那你现在为什么总是披着头发呢？"可儿歪着头问我。

"因为我现在是大人了，大人适合梳的发型跟小姑娘的不同。小姑娘还是要把头发扎起，显得既干净又漂亮！我现在想回到过去扎辫子的年龄啊，可惜回不去了。所以，我特别喜欢你们甩动马尾的样子，多么可爱啊！"

可儿把手紧紧地攥成拳头，我看见她涂的指甲油。我装作不知，对她说："'美丽'这个词包含的东西太多了：外貌、仪态、学识、涵养……你们在老师眼中都是美丽的，因为你们都很纯真。这个年龄段的你们，纯真就是最美的。”

从那以后，可儿再没有打扮得稀奇古怪的来上学了。

老师应该利用每一个契机，帮孩子树立正确的审美观，让他们意识到不同的年龄段、不同的场合对美有不同的要求，不把奢侈当作美，不把炫耀当作美，不把攀比当作美，不把怪异当作美。对学生来说，自然的、清纯的、健康的就是美丽的。

身体的形象美，它是由人的容貌、形体、气质、风度等组成的整体身体美。[①]人们所追求的“美的生活”，无疑是需要由自己的身体去体验和经营。

身体的形象美，首先表现在健康。身体是生命的根基，身体是人类生命的载体，健康的身体标志着旺盛的生命力，它是身体美的基础。诗人马雅可夫斯基曾经赞美道：“世界上没有比结实的肌肉和新鲜的皮肤更加美丽的衣裳。”令人遗憾的是，当前有些人不努力锻炼身体，却把全部精力放在修饰打扮上，实在是南辕北辙，达不到身体美的根本目的。

身体是劳动的本钱。身体不好，会造成学习成绩不好，工作效率不高的结果。每个人的行为是由正确的意识以及能执行意识的身体共同实现的。一方面，只有正确地认识了外在世界和自我，人们才能有正确的意识；而另一方面，意识的实现需要自己的身体去执行，而且行为还必须依赖身体功能的健全，通过健康身体的活动才能够实现。

有经验的教师都知道，许多学生学习不好，首先的因素可能是身体不好。身体不好，有些是表面能够看出来的——比如无精打采、面黄肌瘦；有些是不经过认真调查、医疗检查，连他的家长也不会想到，比如近视、耳背等。

经验告诉我们，约有85%不及格学生学业落后的主要原因是健康状况不够好，身体有某种不适或疾病。……多年观察表明，所谓的头脑迟钝，在多数情况下是由于连孩子自己也感觉不到的周身不适所致，而并非大脑半球皮质细胞有什么生理变化或功能不正常。[②]

① 方英敏：《身体美育与审美教育》，《贵州大学学报》2015年第4期。

② 〔苏〕苏霍姆林斯基：《育人三部曲》，人民教育出版社1998年出版，50页。

身体是人认识世界的出发点。人类接触世界，依靠身体作为媒介。通过身体去认识世界，是人类思维的基本方式。人类对世界的认识，知识、情感、文化的获得，都是源于身体的感知。例如，人们对书法的评价标准，就是依照人体“肥瘦”“筋骨”这些词汇来表述的。所以说，身体应该作为我们认识自己和认识世界的根本出发点。

不仅要关注自己身体的躯体特征和外部形象，更重要的还要关注身体的社会化的结果——即人的身份。人是社会性动物，身份是身体在各种社会关系中的表现形态。而各种社会关系正是由身体来参与和确立的。例如，亲人即是指肉体有着血脉关系的人，而朋友则是指在心灵和情感上有着共性的人。身体是肉体和心灵的合一。身体是连接个人与环境、个人与社会以及个人之间的媒介，身体活动是人确认自我的关键环节。

认识自我，就要从身体开始。身体美学探讨的主要就是身体本身的内在感知与意识能力，正确认识自己的身体，有助于人们提高自我认识。

形象美，还涉及整形的问题。根据一份三万样本的调查表明，赞成整形的是少数占 17.5%；无所谓的最多占 48.9%；其次是虽然赞成整形，但自己不做占 48.3%；第三是认为整形违反天性的占 42.7%；第四是认为是虚荣心表现占 42.6%。这说明当前人们的态度，多数比较宽容，但热衷整容的是少数。从人群分布来看，赞成整容的学生，则是仅次于演艺界的第二大群体。

这里就涉及了教育问题。如果先天有严重缺陷，应该进行整容。但是，正常的身体刻意去进行过度整容，就属于对身体美的理解有些片面。学生应该把身体锻炼作为身体美的主要方法。苏霍姆林斯基的做法是:“整个少年时代，男孩和女孩都参加体操组。这是我们全校学生最喜欢的运动项目之一。劳动与体育运动，把男孩和女孩的体型美渐渐地塑造出来。”[①]“生活告诉我们，训练动作灵活、轻巧和优美是必不可缺的，这是协调体格与精神发展的最重要的组成部分之一。”[②]

指导孩子用体育和艺术的方法，塑造自己身体的形象美，也应该是家庭美育的重要任务之一。

---

① 〔苏〕苏霍姆林斯基:《育人三部曲》，人民教育出版社 1998 年出版，413 页。

② 同上，411 页。

（二）家庭要关注身体仪态的美

活动着的身体美，就是仪态美。它把培育得体、优雅的言谈举止、坐立行走、待人接物以至进食姿态等作为美育目标。

人类的身体是身心结合的。人类和其他动物不一样，人类有思维、有自我意识、有情感。人类的身体美与自身的思想感情密切相关。

一个人的思想感情总会反映在身体上。那些贪官污吏，做贼心虚，往往身体隐患很多。就是相貌也和人们的心态紧密相连。例如，经常做好事的人，心地善良，笑口常开，天长日久就是一副“慈眉善目”；而那些终日想做坏事的人，最后总是长成“獐头鼠目”甚至“凶神恶煞”。这就是古语说的“相由心生”。

仪态包括面部表情，站立姿态、行走姿态、手势等。达·芬奇曾说：“从仪态来了解人的内心世界，把握人的本来面目，往往有相当的准确性与可靠性。”在校园里，一位教师如果终日板着面孔，面对一个个学生的热情问候，面部表情竟然是冷若冰霜，我们很难认为他是尊重学生、热爱学生的好教师。

中国是一个礼仪之邦。同样，在家庭中，要尊老爱幼，和谐相处。人人和颜悦色，个个轻声细语。没有粗暴的动作，没有刺耳的怪叫。在家庭中，礼貌用语更不可少，得到家人帮助要表示感谢，进别人房间要敲门，成人要蹲下来和孩子交谈。不能认为在家中就可以放松，就可以随随便便、为所欲为。当全家人都掌握了仪态美，就不会觉得烦琐、做作，而是一种美的享受。

要达到仪态美，除了心态要健康之外，还需要掌握一定的礼仪知识和进行必要的训练。人际交往中，仪态很重要。比如在路上，遇到熟人要主动打招呼，或鞠躬，或握手，或招手，以示尊重。对其他人，也绝不可以用手指指点点。递交物品的时候，应该用双手，不方便时，也尽量用右手。递东西的时候，绝不可以把东西扔给对方。

（三）家庭要关注身体体验的美

涉及身体感觉的美育就是身体体验美，它把培育和改良人的身体感觉、体验，作为美育目标。[1]

---

① 方英敏：《身体美育与审美教育》，《贵州大学学报》2015年第4期。

为什么能够把对身体感觉、体验，作为美育目标？因为，体育活动中蕴含着丰富的美育因素，如形体美、力量美、动作美、风格美等。米开朗基罗的雕塑《大卫》、徐悲鸿的绘画《愚公移山》，就突出地表现了形体美和力量美。马克思曾说过，美感就是人在创造性活动中表达各种本质力量，能够发挥作用的乐趣。体育活动中，人的体力和情感能够得到高度的暴露和发展，是人类的一种创造性行动，人在其中就能体会到无穷的乐趣和美的感受。现代体育的享受性和愉悦性，就是基于人类爱美、追求美的天性而被广泛承认的。[①]

当一个学生，用优美的姿势三步上篮时，用抽、挫、削、挡等手法，打乒乓球时，他会逐步感到自身的力量美、动作美；经常锻炼身体的学生，他身上的三角肌、胸肌、腹肌，就是让自己感到自豪的一种形体美；一场有优良赛风的足球赛，切磋球艺，不论输赢，会让学生体验到的是风格美。

在体育活动过程中，教育者的责任就在于运用各种手段和方法，把人体所能表达的各种美的动作，以运动的形式展示给学生，不仅让学生感受美，还要鼓励学生通过自己的身体运动去表现美、创造美，利用人体运动中美的因素去熏陶学生，从外在美和内在美，两个方面给学生以美的教育。[②]

体育是一个人得以全面、和谐发展的最重要因素。[③]因此，身体训练是身体美的一个重要内容，不论是在学校还是家庭，通过提供改进身体的方法和训练，可以使孩子更好地认识世界，并增加他们对世界的审美感受能力和得到愉悦体验。

在训练过程中，孩子对身体的体验和欣赏十分重要。在运动中，身体的内感觉是一种重要的体验。比如，练瑜伽、太极拳、坐禅等，自己进行控制、调整，就会感受到一种美；再比如，在长跑训练中，如果孩子能够主动学习，掌握科学的呼吸的方法，学会度过疲劳的极限点，这些都会成为美的体验。

苏霍姆林斯基在他丰富的教育经验中，就有身体体验美的内容。他说："少年的力气无法遏制地想释放出来，因此十分重要的是使他们能够把一些复杂和细腻的动作与体力互相配合。"[④]这样做的目的，是设法让孩子在体育锻炼中，通过体验和自身努力，把自己的动作变得更加灵活与优美。

---

① 王道俊、郭文安：《教育学》，人民教育出版社2009年出版，387—388页。

② 同上，387—388页。

③〔苏〕苏霍姆林斯基：《育人三部曲》，人民教育出版社1998年出版，398页。

④ 同上，411页。

中华民族有许多传统的体育项目，同样也是从不同角度体现了身体美，这些是需要我们继承和发扬的。如踢毽子是中国古老的民间体育活动，深受男女老少的喜爱。有一位家长，一连给孩子买了十个毽子，就是为了让孩子通过自己的亲身感受，不再归罪于毽子不好用，而是通过自己身体的活动，体验到美。

十个毽子踢出的感悟

女儿从一年级开始，生活自理能力和基本的学习习惯都不错。但是，随着学校学习的深入，很多新的问题不断暴露出来。不过，真的太需要智慧去引导孩子，不能直接把想法强加给孩子，而是用各种方法去引导，保证孩子做每一件事都是发自内心的。

刚上小学没多久，学校流行踢毽子，而且学校还做了要求，每个人一分钟必须踢多少个。女儿也买了毽子回家练习，可是踢不到两下就结束了。孩子认为，肯定是这个毽子不好用，明天再买一个新款的。我当时也答应她了。

新款的毽子，也踢不好，她觉得是毽子轻了，羽毛长短比例不合适影响了效率。所以又要重新买一个，我也答应了。

就这样，踢不好，每次都可以找出理由再买新的。两周之内，女儿共买了十个毽子，而她也终于踢得又稳又好。掌握踢毽子的技巧之后，她发现之前的毽子个个好用。

她不解地问："妈妈，明明是我自己太急躁了踢不好，不是毽子的问题，你为什么还同意给我买那么多呢?"我笑笑说："因为这个道理我告诉你，不如你自己悟出来深刻。你现在明白了就好啊，这些毽子摆在家里也是提醒你凡事要先找自己的原因，不要只怪外界条件。"

当时孩子才二年级，可能不太理解我的行为和语言，但随着她长大，接受的知识越多，就会明白妈妈的放手和看似无意中讲的道理，深刻地影响着她的成长。

九、家庭与自然美

只有当孩子自己善于与自然的美单独相处时，与大自然的交往才能展开其全部的审美教育的可能性。

——苏霍姆林斯基

（一）大自然的美，使袁隆平一辈子投身农业

科学家袁隆平之所以一辈子投身农业，就与审美关系密切。是母亲的智慧引导，使袁隆平从小就热爱大自然。袁隆平回忆道：6岁时，母亲带他去果园。他惊叹："那一切，实在是太美了！"他后来最终下决心——一定要攻读农业专业。

事情是这样的：

袁隆平6岁那一年的初秋季节，他随母亲到汉口郊区一家果园去游玩。对于在城市里住惯了、从没见识过农村果园的袁隆平来讲，那简直是一次神奇美妙的大自然之旅。他被母亲牵着手，蹦跳着走在繁茂稠密的果林里。红红的桃子，灿烂地挂在树梢，绿绿的葡萄像一串串碧玉，果树之间的空地上，间种着在那个年代还稀有的西红柿。毛茸茸的枝杈上，结着红、白、黄、绿几种颜色的果实，真是美极了。还有那绿葱葱的片片竹林……

幼年的袁隆平爱上了这美丽的果园，爱上了这绿色的世界，他实在不愿离开这里。正如袁隆平后来所说："从此，每到桃子成熟的季节，我记忆中

那个美丽的果园，便飘进我的心灵，满园里郁郁葱葱，到处是芬芳的花草和一串串鲜艳的果实。我觉得那一切实在是太美丽了！美得我当时就想，将来我一定要去学农。”

没有指点江山的豪情壮志，没有功成名就的意气风发，有的只是质朴的表白，有的只是对美丽的特别感悟与无悔执着。可见当年，这片美丽的记忆，成了中科院院士、中国“杂交水稻之父”——袁隆平心中永远挥之不去的情结与梦幻。

一个在城市里长大的孩子，后来居然爱上了大自然，而且成为举世闻名的中国“杂交水稻之父”，这不能不归功于袁隆平的母亲，归功于早期的家庭教育。

（二）自然美能够丰富、充实孩子高尚的精神世界

大自然的美，在培养孩子高尚的精神世界方面起的作用很大。

首先，大自然的美能培养细腻的情感，帮助孩子感受到自身的美。苏霍姆林斯基说：“我认为对自然界美的感受，积极去创造美的东西，是对青少年心灵一种极重要的训练，是使人力求看到人的美及其心灵美，力求去确立人自身那种美的东西并蔑视懦弱、畏缩、意志薄弱不可缺少的东西。”[①]

在大自然美的熏陶下，孩子的情感细腻了，观察敏锐了，这是一种心灵的“训练”。这种“训练”的目的、任务是什么呢？

“我认为，自己的教育任务，就是要使在儿童时代在与大自然交往的过程中，获得的情感——审美财富，到少年时代作为人的一种最深刻的需求，进入少年的精神生活，使少年对大自然的美的认识，比童年时代更深刻，促使少年去认识自己身上的美的、崇高的东西，促使他们去肯定人的尊严。”[②]

大自然的美，为什么能够促使孩子思考人生的美？这是因为，对周围世界的美的观察和感受，会使孩子产生一种重要的思想——即整个世界、大自然和美的生命是永恒的，而我自己只能生活在大自然指定给我的一段时间内，因此，每个

---

① 《苏霍姆林斯基选集（五卷本）》，教育科学出版社2001年出版，234页。

② 〔苏〕苏霍姆林斯基：《育人三部曲》，人民教育出版社1998年出版，601页。

人在青少年时期，最重要的就是要考虑应该怎样度过自己的一生。我们的家庭教育，如果能够有意识地做好这些引导工作，通过大自然的美，不仅能够培养孩子细腻的感情，还能够促使孩子进一步思考怎样获得人生的美。

（三）在真、善、美和谐发展中，大自然的美才起作用

大自然的美，并不是能够自动对孩子的精神世界起到提升的作用。

为什么？苏霍姆林斯基指出了根本的原因是："作为进行情感教育、审美教育和道德教育的一种手段，大自然的美只有在对人的个性施加精神影响的所有手段的普遍和谐的情况下，才能起作用。"[①]苏霍姆林斯基在这里强调了，各种教育手段需要和谐起作用的重要观点。如果没有任何相应配合的教育手段，家庭只满足于到野外去玩，甚至只有吃吃喝喝，给孩子的可能只是负能量，这是当前特别需要注意的现象。

"多年的经验证明，有的儿童和少年，心灵中的善良感迟钝、没有想变得更好的真诚的愿望，就会对动物冷酷地、残忍地'开膛破肚'，对大自然的美肆意破坏。人的尊严感的迟钝会使一个人看不到大自然的美。"[②]

一个情感冷漠、迟钝的人，对大自然的美就会无动于衷，因为，大自然只是善的源泉，而只有心灵美的人，才能发现善的源泉，才会被它感动，才能产生共鸣。"当年轻的心灵在人的崇高的美（善良、正义、人道、同情心、疾恶如仇）的感染下变得高尚时，大自然的美才能影响人的精神世界。"[③]

大自然的美如何才能影响人的精神世界？这是需要家长认真思考的问题。心灵美才能感受到真正的自然美。大自然只是善的源泉，在家庭中只有加强真与善的教育，自然美才能被孩子所发现，才能被感动，才能进入精神世界。

在中国，平时人们常常称赞梅、兰、竹、菊为四君子，这是因为它们的自然素质与人的精神品质有许多相似之处，产生着共鸣，这时候自然美才影响人的精神世界。如梅的耐寒、兰的素雅、竹的正直、菊的坚贞。所以，人们常常用它们来寄寓自己的感情，陶冶自己的性格和意志。[④]

---

① 〔苏〕苏霍姆林斯基：《育人三部曲》，人民教育出版社1998年出版，601页。

② 同上，601页。

③ 同上，601页。

④ 蒋孔阳等：《美与审美观》，上海人民出版社1985年出版，79页。

在审美教育和情感教育中，绝不允许采用教训的方法，也不允许自己装出被大自然的美所感动的样子。家长只有真诚地爱上了大自然的美，他才可能在孩子的心灵中点燃审美情感的火花，在这里，来不得半点虚假。

因此，在家庭教育中，切莫忘记，大自然的美，只有在真、善、美的和谐发展中才起作用。在家庭日常生活中，怎样做到真、善、美的和谐发展呢？

这位家长，就是在很困难的情况下，成功地引导孩子理解多种自然美，使真、善、美得到了和谐发展。

月亮与台风

快中秋了，阳历是九月。

孩子的自然课本，要做九月天象的观察，特别是要观察记录月亮，从八月初记录到中秋节。

每天夜里吃过晚饭，孩子就站在阳台等待月亮出来，有时甚至跑到黑暗的天台，仰天巡视，然后会看到他垂头丧气地走进屋，说："月亮还是没有出来。"

我看到孩子写在习作上，几天都是这样的句子："云层太厚，天空灰暗，月亮没有出来，无法观察。"

最近这几天，连续几个台风来袭，月亮更是连影子都没有，孩子很不开心。他说："爸爸，这九月怎么这么烂，连个月亮也看不见！"

"九月并不坏呀！最热的天气已经过了，气温开始转凉，是最美丽的秋天，有最好的月亮，只不过这几天天气差一点儿而已。"

我告诉孩子，台风虽然是讨厌的，有破坏力的，但是台风也有很多好处。例如它会带来丰沛的雨量，解除荒旱的问题；例如它会把垃圾、不好的东西来一次清洗；又例如让我们感受到人身渺小，因此敬畏自然。

"既然不能观察月亮，你何不观察台风呢？""好主意！"孩子欢喜地说。

我看到他的作业簿上，写着诗一样的记录："风从东西南北吹来，云在天空赛跑，雨势一下大一下小，伞在路上开花。"

台风的美，可能也不输给月亮。①

---

① 林清玄：《月亮与台风》，《父母课堂》2016年第10期。

（四）亲近自然美需要注意的问题

现在的孩子，如果天天在熙熙攘攘的大街上奔忙，在垃圾食品的包围中成长，在水泥森林的城市里度日，在网络电视的陪伴中去幻想，如果没有积极正确的引导，他们很有可能成为没有“根”的一代，“空心”的一群。

他们由于缺少仰望茫茫夜空的经历，可能很难理解宇宙的无限性，他们很少在春、夏、秋、冬中观察各种生命现象，可能得不到多样性的精神滋养，所以，当今的孩子急迫地需要亲近大自然。

亲近大自然，但不是简单地走向大自然，需要注意下面四个方面的问题：

1. 亲近自然美的时候，要与劳动和思考结合

我们家长都有这样的经验，并不是仅仅把孩子带到自然环境中，就必然受到教育。虽然，校园和家庭有许多花草树木，但是，由于孩子没有亲自参与对它们的服务和管理，就不可能产生感情，也就谈不上什么教育。相当多的学校组织的春游、秋游，由于指导思想不正确、不明确，虽然去的可能是著名景点，但是没有引导孩子去观察、调查和思考，也就没有什么真正的收获，甚至有些孩子竟然把吃喝玩乐当作春游、秋游的主要内容，这就更远离了美育。

苏霍姆林斯基十分强调教育的统一性：“少年必须经常接触大自然，生活在大自然中。智力世界、劳动和大自然的有机统一是特别重要的。”[①]“对科学真理和规律性的逻辑认识，需要思想在情感的感染下变得更崇高。使思想变得更崇高的源泉之一是大自然的美，因为对少年来说，思想、认识和发现真理的源泉也是自然界。”[②]

大自然与我们的意识有什么关系呢？

自然美不能离开自然。……但是自然在外在形式上，应该符合人的审美要求。也就是说，它的色彩应该是悦目的，它的声音应该是动听的，它的线条应该是宜人的。……自然美其实是人创造的。黑格尔说：“有生命的自然事物之所以美，既不是为它本身，也不是由它本身为着要显示美而创造出来的。自然美只是

---

① 〔苏〕苏霍姆林斯基：《育人三部曲》，人民教育出版社1998年出版，606页。

② 同上，602页。

为其他对象而美，这就是说，为我们，为审美意识而美。”①

学校与家庭进行活动，一是要注意当孩子在大自然中感受美的同时，不要忘了引导孩子亲自参与劳动。哪怕在景点捡拾垃圾，为花草浇水、除虫，也比单纯地赏花观景，更能触动他们的心灵。因为，只有通过自己亲身实践，美化了大自然，改变了大自然，才能增加与大自然的感情，才能发现自己的本质力量。

二是在亲近大自然的时候，要启发孩子学会思考。“教育的任务就是要使少年在与大自然的交往中发展自己的智力。在与大自然的交往中的创造性，在少年的精神生活中是很重要的。”②孩子观察到大自然的春、夏、秋、冬，一棵小草的成长、衰败，才能把书本上讲的一切事物都有发生、发展和消亡的自然规律有所感悟，才能进一步思考世界是怎么回事？人生是怎么回事？要达到这种效果，家长必须智慧地在活动前，做好激发、引导的铺垫工作。

2. 年龄不同，方法不同

苏霍姆林斯基指出，不同年龄孩子的审美认识不同：“少年期的审美认识和对大自然的理解，比童年期复杂得多。如果说儿童只是单纯地欣赏周围环境的美，那么，少年在赞叹美的同时，已不能不去思考，不去刨根问底地探索这种美的源泉。”③

小学、初中和高中教师在进行审美教育的时候，必须认真思考年龄特点，采取对他们恰当的方法。

例如，人生的根基是在儿童时期扎下的。在儿童期要培养和发展，对一切有生命的和美的东西的同情心和怜悯心。这时候要学会观察日出、日落时，朝霞和夕阳的美，观察清晨蜻蜓是怎样从壳中蜕出，在接受阳光照射后，最终羽化振翅高飞……这时他们从内心深处，会产生一种强烈的感情：要保护好世界上这些美好的事物。

而初中学生，则会透过大自然美的现象，思考后面的规律。“在少年面前，揭示着这样一些科学真理，如物质的永恒性、宇宙的无限性、能量从一种形态转

① 〔德〕黑格尔：《美学》第一卷，商务印书馆1979年出版，160页。

② 〔苏〕苏霍姆林斯基：《育人三部曲》，人民教育出版社1998年出版，606页。

③ 同上，606页。

化为另一种形态、生物和非生物的统一。洞察这些真理的本质，对少年来说是多么鲜明的、多么出乎意料的发现……”[①]通过这些思考，去引导初中学生，发现世界是一个和谐的、丰富多彩的、美的整体，将使他们逐步建立正确的、深刻的世界观。

在高中阶段，则需要将思想逐步系统化、理论化。那些碎片化的知识和各自独立存在的理念，已经不能满足高中学生进一步发展精神世界的要求了。进入这一步，需要家长和教师对孩子进行辅导，当然成人需要首先武装自己。

有调查表明，从小学到大学，其中高中、大学阶段“依据社会舆论和流行时尚”做出审美判断的最多，这说明他们在思想逐步系统化、理论化的过程中，虽然超出了“依据兴趣和爱好”比较低层次的审美判断水平，但是还没有达到比较深刻的境界，缺少真正的独立见解。通过美育使读高中的学生在人生观、世界观方面进一步得到提高，是我们高中教师和家长的共同任务。

3. 要有恰当的运行机制和阵地

苏霍姆林斯基说：“多年的经验证明，有的儿童和少年，心灵中的善良感迟钝、没有想变得更好的真诚的愿望，就会对动物冷酷地、残忍地‘开膛破肚’，对大自然的美肆意破坏。人的尊严感的迟钝会使一个人看不到大自然的美。”[②]

的确如此，如果孩子“善良感迟钝、没有想变得更好的真诚的愿望”的时候，即使来到大自然的环境中，他也感受不到大自然的奥妙和美好。因为在这些孩子的内心世界中，还是杂草丛生，空虚得很。这里，教师和事前进行细致的铺垫工作是必不可少的。

苏霍姆林斯基还指出：“只有当孩子自己善于与自然的美单独相处时，与大自然的交往才能展开其全部的审美教育的可能性。”[③]

比如，有意识地引导孩子在学校或者家中建立的“美丽角”里读书，在大自然环境中爱上自己喜爱的一块绿色草地、一个葡萄园等。

可以说，盲目地走进大自然，不如有目的地去观察大自然；而单纯观察大自

① 〔苏〕苏霍姆林斯基：《育人三部曲》，人民教育出版社1998年出版，602页。

② 同上，601页。

③ 同上，606页。

然，又不如亲自去种植一棵树，只有不断地通过与树木的亲密接触，才能让大自然成为陪伴他成长的好朋友。

下面文章中的这位家长，就是通过自然美带给孩子幸福的回忆，并影响了孩子的一生。

百合花开[①]

小时候，有一次跟父亲去山谷，忽然，一朵白色的花吸引了我。

在草丛里，它独自开着，几乎和我一样高，花朵像喇叭般大，却一点儿也不张扬，白色的花瓣微卷着，露出嫩黄的蕊。擎起它的根茎好像不胜重力地自然弯曲，让它看上去那么高贵、孤寂。

我被这朵花迷住了，久久不肯挪步。

父亲说这是野百合。因为我喜欢，父亲决定把它带回家。我本以为他只是掐了花就走。没想到，父亲小心翼翼地拨开草丛，先清除了周围的一大片杂草，让这株亭亭玉立的野百合完全出现在我面前，在那一瞬间，我觉得这世界上所有美好的词语都应该给它。

它像童话中迷路的小仙子，突兀地出现在这片山谷里。它纯洁的白，让周围的一切黯然失色了，可它又是那么无助而脆弱。我担心它那瘦长的根茎被风一吹就会折断。父亲用随身携带的一把小锄头，从百合的四周开始挖土。他掏得很深，我全神贯注地守在旁边，用手扶着花朵。很快，一个乒乓球大小的球茎，完整地连土一起悬空出来。父亲小心翼翼地用双手托着球茎，把花朵搁在肩膀上。我欢天喜地地跟在父亲身后，那朵百合花在父亲的肩头一颤一颤的，冲着我笑。

我父亲把它种在屋旁的菜地里，用一根小木棍将它固定好。

经过一番腾挪，野百合似乎也累了，有些萎靡不振。我疑惑地问父亲："它还能活吗？"父亲笑笑说："你明早来看它。"第二天一起床，我就跑到菜地里。

只过了一夜，野百合似乎已经完全适应了新环境，叶片舒展着，不用借助小木棍就能精神抖擞地立起来。硕大的花瓣上，还有几颗露珠在晨光中闪

① 宓月:《百合花开》,《父母课堂》2017年第5期。

烁。因为它，我的整个暑假多了许多憧憬和幻想。每天，我像探望老朋友一样，看它在风中摇曳，看蜜蜂在它的花蕊里沾满嫩黄的花粉。到了九月，天气逐渐转凉我又开始上学了，野百合也在一阵又一阵的凉风中逐渐枯萎、凋零。

看着那一片片凋落的花瓣，生命的短暂、美的易逝，让我第一次感到了忧伤。父亲说："我们可以把球茎分瓣，来年会变成几棵。这个球茎还可以吃。"我舍不得吃掉球茎，要父亲给我变出更多的百合花来。父亲依了我，将百合花的球茎挖出来，分成七八瓣，在菜地的一角重新栽下去，并且做上了记号。父亲说，来年春天它们又能长出嫩芽。

那一年，我8岁。在我的记忆中，那个冬天特别漫长，我每天都要去看看，但是，野百合的嫩芽迟迟没有冒出来，我便等得失去了耐心。

美丽的雪花，春节的喜庆，使我几乎忘了野百合的事。春天来了，太阳的温暖改变了这个世界。有一天，我突然发现，屋旁的菜地里齐刷刷地站着一溜茁壮的青苗，七八棵的样子，像一支小队伍。我即刻兴奋地跑去告诉父亲："我的百合花长出来了！"父亲笑了笑，牵着我出了门。

父亲让我知道了一朵花是怎么长成的，也教会了我认识这个世界、热爱这个世界。在父亲身边我就是那个天真烂漫、无忧无虑的女孩。也许，是他给予我的欢乐太多，让我20年都不愿走出他给我的幸福时光……

十、家庭游戏与美

游戏中的孩子最真实、最自由地走向美。

天下的孩子没有不爱玩的。游戏是学龄前儿童的主导活动，就是在学龄前儿童的生活中，游戏仍占有重要地位，游戏是提高孩子生命质量的好方法。

其实成人也是十分喜欢游戏，更有意思的是，老年人好像开始返老还童，喜欢游戏的程度有时超过了儿童。

所有的动物都有一个游戏期，在这个时期，幼小的动物通过游戏发展自己的身心、学习生活能力。毫无例外，童年期的小猫、小狗总是相互追跑，小狮、小虎经常彼此撕咬，为一片小树叶，它们拼命奔跑，为叼住母亲的尾尖，它们气喘吁吁。这就是它们的游戏，这是它们赖以成长、发展的活动。

对于人类来说，这个游戏期来得更长，据科学家研究，越是高级的动物，由于它的构造更加精密，功能更加复杂，就需要更多的修炼，因此，它们的游戏期就会更长。人类是最高级的动物，“早产”诞生之后还是不成熟的，因此，他需要更长的时间在母亲身体之外，除继续完成生理的发展，还要完成心理的发展和社会化的发展。这其中，游戏就是一个不可缺少的、很好地发展孩子生命质量的方式。

（一）在游戏中德、智、体、美得到全面发展

对于成长中的孩子来说，游戏又是儿童学习的一种方式，是进入真实社会之

前的一种演习，通过相对比较简单的游戏情境，孩子可以认识复杂的物品和事件；通过参与游戏，可以使孩子的思维和行动结合起来，可以巩固和扩大概念和技能。

由于游戏往往产生于宽松的环境中，因此更加符合儿童的心理水平，所以它可以在德、智、体、美等教育上，都能够发挥极其独特的作用。

就以祖祖辈辈都玩过的古老的“跳房子”游戏为例，德、智、体、美等教育，一样不少，实际都能渗透其中。

首先，每个孩子参加“跳房子”游戏，要有进取心，尽量努力取得好成绩。不怕失败，遵守规则，关心体谅其他小朋友，对别人的失败不幸灾乐祸，对别人的胜利也不妒忌……这就是德育；

在游戏中，每个孩子要善于思考，总结自己的和学习别人的经验，怎样把“包”踢到预定的地点，怎样有节奏地跳好每一步而不踩线……这就是智育；

在游戏中，每个孩子都要运动全身，看准目标跳来跳去，付出大量的体能，自然是很好的体育；

玩“跳房子”游戏，如何把房子画得又美又好，也是一个重要内容；跳的姿态要轻盈、优美，这不就是美育吗？

为了玩“跳房子”，孩子们一定要亲自劳动，把“包”制作好，在地上把房子画好，这又离不开劳动教育了。

（图10—1“跳房子”游戏，好像许多民族都有。在乌克兰苏霍姆林斯基的家乡——帕夫雷什中学，作者与小朋友在玩“跳房子”）

在当前孩子学习负担比较重的情况下，游戏更是孩子不可缺少的休闲活动。它能够使生命得到开放、变得真实。不过，游戏中有一些带有危险性，有一些不卫生，还有一些内容不健康，它们都不利于孩子生命的发展，应该态度鲜明地加以禁止。

孩子的生活中离不开游戏。他们从家长、教师那里；从小伙伴那里；从大众传媒那里学到了各式各样的游戏，有时还自己即兴发明一些游戏。

在众多游戏中，要学会选择，我们向家庭提倡以下几种游戏：

活动性游戏

主要通过运动，掌握一些基本的身体动作，如走、跑、跳、举、拉、投掷、攀登等，以发展他们动作的灵活性、准确性，以及提高体力活动的持久性，培养他们的勇敢、坚强和团结合作的品质。如丢手帕、跳房子、扔沙包、三足竞走、拔河等活动。

智力性游戏

在游戏中主要通过动脑筋，培养他们的思考力、记忆力、观察力、注意力和语言能力。例如，和幼小的孩子即使玩十分简单的“过目不忘”（展示许多东西，然后盖上）的游戏，也可以培养他们的记忆力；玩分类游戏，可以发展他们的思考分析能力。其他如猜谜语、下棋、看图挑错、开火车等都是可以开发智力的游戏。

建筑性游戏

运用各种材料（积木、草木棍、石块、沙子）搭建各种物品或建筑。中国古老的“七巧板”也可以归入这一类。通过儿童的想象和模仿，发展他们的设计才能，激发创造力和培养各种技能。

创造性游戏

一种是儿童通过自己的想象，重现社会生活场景，自己扮演某种角色，例如医生给病人看病、警察抓小偷，在游戏中每个人都可以充分发挥自己的想象力，结合自己的思考进行创造。

一种是自己发明的比赛游戏。儿童根据具体的生活情境，有时也可模仿成人社会，通过自己的创新，进行游戏性的比赛。例如，比赛倒着走，谁最快到家；比赛骑自行车，谁骑得最慢；等等。

（二）游戏就是孩子的劳动，而劳动创造美

幼年时期的劳动活动同游戏紧密相连。“对于孩子来讲，游戏是最严肃的事情。世界是在游戏中向儿童展现，儿童的创造性也是在游戏中显示的。没有游戏，就没有也不可能有完满的智力发展。”①

游戏究竟如何具体地发展了每个孩子的智力？分别在下面介绍：

在游戏中，对孩子来说，往往没有外界压力，他们可以在游戏中自由探索、观察和实验。这个时候，他们的思维能力、想象力，在积极运转中会很自然地得到发展。

下面两个孩子从不同的游戏中，分别发展了他们的观察能力、思考能力和语言文字能力。这种发展显得十分轻松、愉快，其效率之高，是高压下的死板学习无法相比的。

第一次拼拼图

在我4岁时，爸爸给我买了一盒拼图，我还从来没有见过这种东西。我奇怪地问：“爸爸这是什么？”爸爸告诉我：“这是爸爸给你买的拼图。拼图就是一块块的卡片，拼到一起就能组成一幅画，爸爸给你买的是世界地图的拼图，如果你拼完了，就是一个世界地图。每个卡片都有凹进去的地方，如果这两片不是挨着的，两个卡片就会对不上，爸爸给你买的拼图是500片的。如果你能独立拼出来，我就给你买1000片的。”我听了爸爸的话，觉得拼图肯定是很有趣的，我就下定决心要独立拼完这个拼图。爸爸还告诉我在拼图时，如果看见有两三片能拼到一起的，就先拼成小部分，最后再把小部分组合到一起，就能拼好了。于是，我就开始拼拼图了。

由于爷爷以前教过我每个国家在地图上的位置，所以比较熟悉。我看见差不多颜色的就放成一堆儿，看见两三片能拼到一起的就拼起来。最后，把几部分组合在一起就拼完了。我只用了5天，就拼完了这套拼图。我很高兴，我想：“只要努力去做这件事，就一定能成功。”

（小学三年级学生赵尔乔）

① 〔苏〕苏霍姆林斯基：《育人三部曲》，人民教育出版社1998年出版，102页。

成语比赛

二年级时，老师让我们准备成语故事，谁说得多，谁就能得到一个精美的小礼品。同学们听了都很高兴。第二天，同学们都信心十足地来到教室。成语比赛开始了。第一个是思琳，她连说了3个，分别有：刻舟求剑、鸡犬不宁、鸡鸣狗盗。第二个是晓琦，他说了4个，刻舟求剑、狐假虎威、水落石出、指鹿为马。第三个是我，我连说了6个，分别是：萍水相逢、满城风雨、一箭双雕、一鸣惊人、一诺千金、一网打尽。还有很多同学参加比赛不过最后还是我赢了，得到了精美的小礼品。

通过这次成语比赛，我知道了许多成语。我对成语有了更多的了解，它是我们国家的文化经典。

（小学三年级学生郑丽娜）

孩子在游戏中通过扮演角色，还能够提高社会交往能力。扮演小医生或者小老师，就需要认真地回忆、思考医生是怎样给病人看病；老师是怎样教学生，不但模仿他们的方法，还要模仿他们的态度、表情等。

游戏过程中，他们不仅学到了知识，而且发展了情感能力。在他们极其投入的游戏当中，他们的感情也是全部投入的，因此随着游戏的进展，他们的感情也会受到陶冶，情感能力也会得到提高。

更重要的是，他们在交往中，能够看到自己的“本质力量”，也就是由于自己的努力，在自己的交往对象身上，看到了自己了不起的地方（例如，给“病人”看病，把病治好了；教“学生”认字，学生学会了），这就是一种美。

游戏还有一个重要的特点，它是在没有成人“威胁”下开展的，因此在游戏中，孩子虽然必须亲自处理各种矛盾，但是没有一个孩子感到害怕，因为，即使错了，自己可以重新再来一遍，小朋友也会理解。这样，在游戏中，孩子们逐渐学会了怎样处理自己的内心冲突和焦虑。

小老师

我两岁半时，妈妈把我送进幼儿园。在幼儿园里，老师经常教我们认识各种图形和各种颜色。在教我们认识颜色的时候，老师总是指着周围不同的物体让我们说出它的颜色。

那时候，我很喜欢模仿老师上课的样子。于是回到家里，我就当小老师，让爸爸妈妈、爷爷奶奶当小朋友。我总是让他们手背后、脚并齐坐在沙发上。我则假装手里拿着一本书，在屋里走来走去。

有一次，我模仿老师的样子教他们识别颜色。那一天，我穿的是一件黄色的毛衣，于是，我就指着自己的衣服问："小朋友，你们说老师的黄毛衣是什么颜色？"我问完，爸爸妈妈、爷爷奶奶顿时哈哈大笑起来。直到现在，他们也经常用这句话跟我开玩笑。

（小学三年级学生赵尔乔）

（三）游戏中的孩子最真实、最自由地走向美

在游戏中，"模仿"是孩子学习的一种重要本领。和婴儿时期的无意模仿不同，上述这个两岁半的孩子模仿老师上课，则是一种有意模仿。模仿不仅能使孩子学到新的行为，而且能通过模仿行为得到自己的体验。

模仿并不是简单的照搬，孩子在模仿中实际总有自己的创造。因此，我们应该多鼓励孩子去模仿，并引导他们把模仿从表面，逐渐发展为实质性的模仿。

家长应该支持孩子的模仿行为。上述这个家庭的成人就积极扮演了"学生"，用行动赞扬了孩子的模仿。对于孩子在模仿中的欠缺甚至失误，家长不必过于挑剔，那样会使孩子感到有压力，一定要鼓励孩子大胆地把愿望变成行动。

至于孩子长大之后，家长用开玩笑的口吻，回忆孩子小时候的幼稚行为，只要掌握适度，也没有什么害处。因为，通过过去的我和现在的我相比，可以使孩子感受到自己成长的快乐，这也是一种美的体验。

俗话说"三岁看大，七岁看老"，往往是通过游戏看到的。在游戏中，孩子能够展示自己最真实的一面，同时，在游戏中，孩子的个性也会得到真实的发展。

下面的故事中，我们可以看到"不怕难"中，孩子的意志力得到了锤炼。在"打雪仗"中，孩子的情感、勇气和人际关系都得到健康的发展。

不怕难

爸爸从香港给我买来147块拼图，而且要拼出三个不同的图形。我从来

没有拼过这么多这么难的拼图。我用了两个多小时才拼完。我很高兴，因为我把这么难的拼图都拼出来了。只要不怕难，什么事都能够做好。

（小学二年级学生安雨婷）

打雪仗

我爱你，北国的雪，北国的雪是多么美丽迷人啊！

一年冬天，雪花纷纷扬扬、飘飘洒洒，在那灰蒙蒙的天空里，像是一只只展翅飞舞的蝴蝶飘落下来。不一会儿，外面变成了银白色的世界。我和姐姐望着外面厚厚的积雪，控制不住喜悦的心情，冲出家门，兴奋地打起雪仗来。

开始，我和姐姐把雪在手里团成团，然后互打对方。后来，我们觉得这样太浪费时间，也不过瘾，于是我们就把雪抓起来，直接向对方扔去。可是，这样又打不远，我们就又拿着雪团追赶对方，追上后，把雪往对方的衣服里塞。我们在雪地上你追我赶，连滚带爬，不一会儿就玩得满头大汗，气喘吁吁。邻居家的小朋友看见我们俩玩得这样开心，也从家里出来，加入了我们的行列。只见雪团满天飞，小朋友们满地跑，这里成了欢乐的海洋。我们玩得可高兴了！

我真的很喜欢北国的冬天，喜欢冬天的雪！

（小学三年级学生赵尔乔）

因此，家长千万不可轻视游戏的作用，不要以为它在浪费时间；更不可想尽办法禁止孩子的游戏，误认他在玩物丧志。而是要根据孩子的个性、年龄，引导他们参加适合的游戏，在游戏中给予辅导，让游戏在每个孩子早期的生命中，能够给予更多的滋养。

互相尊重是很重要的一种个性品质。这种品质是在孩子的学习、生活、游戏中逐渐形成的。互相尊重的关系形成后，还将对个性的继续发展产生影响。

同学间互相谅解的品质，更主要的是在集体劳动和游戏中形成的。一个任务如果是交给集体去完成，这对孩子之间的相互关系会有重要影响——要求集体每一个成员，都要担负起彼此间的职责。

例如，交给学生这样的课外阅读任务：每个小组选择一篇大家喜欢的童话，每人读一段，在班上表演。不论优等生还是后进生每人都要读一段，这中间没有互相谅解是完不成的。于是全组认真讨论，准备一周。课上同学们都很喜欢，每个人都看到了全组的成绩，老师也表扬了同学们共同配合工作的默契。

结合童话故事，老师还教育同学们：善良的、关心别人的人，不仅在童话里有，这样的人在我们身边处处都有。我们要在同学之间，在同老人、邻居的交往中，体谅他人生活中的不幸，并尽力帮助他们，而不是用自己不慎的言行使别人忧伤。

在进行了互相谅解、互相尊重的教育之后，我们开始了一个让人印象深刻的游戏。

我们向学生提出一个要求：独立地准备一个游戏——《游览动物园》。每个小组的任务是收集有关动物生活的资料，委派每个同学在这个象征性的游览中担任不同的职务。

同学们开始独立自主地收集资料，给“导游员”提供帮助——他们互相讲述狮子、熊、兔子、狐狸、猴子、松鼠这六种动物的生活习性，学习了关于这些动物的有趣知识。

在游览日这天，同学们都穿着节日的服装，其中大多数人都接到了任务，分别担任游览的导游员、检查员、管理员、会计员等等。所有担任导游员的同学，都力求更好地介绍动物知识，其他工作人员和参观者表现得也都很得体。

在指定时间，参加者买了票，在管理人员的引导下来到“展览大厅”。在这里有不少塑料动物玩具被安放在有花草树木的环境中。接着，导游员邀请大家到各处参观，在每一个小桌旁，都有讲解某种动物习性的导游员。他们做了很好的准备，兴味十足地讲述动物有趣的事情。在参观过程中，大家都很愉快，并希望用这个方式了解更多的动物。

最后，孩子们恋恋不舍，问老师能不能再为其他班组织一次这样的《游览动物园》活动。

游戏活动结束后，老师告诉他们：好孩子，你们已经学会了怎样要求自己，彼此谦让，不推不挤，学会听指挥和谅解同学。

通过观察我们确信，在有系统、有计划地影响的条件下，游戏能够加深学生关于互相尊重、互相了解这方面的概念的认识，并且在互相交往中表现出这些品质。

十一、家庭劳动与美

劳动创造美。
——马克思

马克思说："劳动创造了美。"每一个孩子，首先是在家庭劳动中体验到美。从自己动手叠好自己的被子，整理好自己的玩具箱体验到美；长大了，为爸爸妈妈制作生日礼物，为全家炒的第一盘菜，美就在心中慢慢地萌芽、壮大。

（一）在家庭劳动中体验美

孩子在家里参与的劳动，不但要带有一定的知识，还要带有一定的游戏因素，最好要有趣味性。

教育家苏霍姆林斯基曾经指出："广义的游戏始于有美的地方。但由于幼儿的劳动不可能没有审美因素，所以，幼年时期的劳动活动同游戏紧密相连。"[①]

有一个小学三年级的孩子，曾经给我介绍过，他们家的劳动非常快乐。他说家里的每个人都有分工。这个孩子在家里被戏称为"洗碗机"，因为他主要负责刷碗；妈妈被称为"洗衣机"，因为妈妈负责洗衣服；而爸爸的名字是"电饭锅"，因为爸爸主要负责做饭。

在他们家里，劳动变成了一种乐趣，即使刷碗也不是很枯燥，他们有时

① 〔苏〕苏霍姆林斯基：《育人三部曲》，人民教育出版社1998年出版，102—103页。

三个人一起刷。爸爸负责刷，妈妈负责冲水，孩子负责把碗摆起来。他们还经常唱着歌，有节奏地去做这件工作，好像一个带表演的三重唱，把这个家务劳动变成了一件非常愉快的事情。

这样做，孩子就会很愿意参加这种劳动，而且能高兴地看到自己劳动的明显效果。

苏霍姆林斯基还指出："培养和发展7~11岁儿童的美感，同劳动活动有着特别密切的联系。孩子们爱好劳动并希望在劳动过程中，创造出美好的、不同寻常的东西来。我们认为，对儿童的这种自然的意向，应当千方百计地加以发展。我们组织教育工作时，注意使低年级学生的劳动活动充满着美育的因素。"①

苏霍姆林斯基在这里强调，小学生的美育和"劳动活动有着特别密切的联系"，并不是仅仅通过艺术教育。尤其我们要千方百计地加以发展的，是孩子在劳动中创造出美好东西的愿望，引导他们在这个过程中，表现美、创造美。

苏霍姆林斯基在他的教育实践中，创建的"美丽角"，有时候是种植玫瑰，准备在母亲节送给母亲；有时候是种植苹果树，待苹果成熟的时候，送给村子里的老奶奶。这种活动操作简单，但是能够触动孩子的心灵。原因是有劳动，每一个孩子在亲自照看"美丽角"的过程中，通过自己长期的、艰苦的、创造性的劳动，培育出一棵树、一株花，通过劳动成果看到自己的本质力量，使得精神世界出现巨大的变化。

（二）劳动教育必须与其他教育和谐发展

"没有任何一种教育是可以单独起作用的，必须要把各种教育结合起来。"家庭教育也应该如此。劳动教育自然离不开劳动，但是单纯劳动，并不是教育。过去这个教训太深刻了，如果现在不把这个问题认真分析清楚，指导思想必然不会深刻，加强劳动教育就很容易走过场。

苏霍姆林斯基曾经指出："劳动作为教育人的有目的的活动，是与其他诸方面的教育作用紧密相连和相互制约的，如果这些相互关系与制约的关系不能实现，劳动就会变成令人生厌的义务，不论对智慧还是对心灵都不会有何裨益。"

---

① 〔苏〕苏霍姆林斯基：《学生的精神世界》，教育科学出版社1981年出版，67页。

既然教育当中没有单独起作用的因素，我们的任务就应该在最细微、最复杂的教育现象中，研究各种因素如何和谐发展。和谐发展当然不是拼凑，而是融合，不是谁管谁，而是相互促进。其中，最重要的应该是智力劳动和体力劳动的和谐关系。

过去就出现过一种局面，尽管我们组织了一些需要劳动的活动，学校也有一些劳动课程，但是这些措施并没有和其他的教育协调起来。实际上劳动和德、智、体、美都是有关系的，必须要善于把各种教育结合起来。

首先劳动教育里面有做人的教育，劳动可以带来美好的生活，劳动的成果可以为别人服务；劳动和智育也有很大的关系。我们常说“心灵手巧”，苏霍姆林斯基也说过：“智慧产生在指尖上。”劳动和体育的关系更密切，通过劳动可以使自己的身体得到进一步健康的发展，能够强健体魄；通过劳动产生的成果，其中也有美的力量。

所以，不论是情感教育还是道德教育，都要和劳动结合在一起。如果不能很好地结合在一起，劳动就会变成一种苦役，就会变成被动的、指令性的活动。

在这里，家庭和学校如何在劳动教育上深度合作、和谐发展？也是当前的一个重要问题。

为什么有的孩子在学校是劳动积极分子，在家里却是坐享其成的懒虫？这种问题绝不是靠布置家庭作业，这种措施能够真正解决的。

家庭与学校要培养什么样的人，目的应该正确。如果为了考上清华北大而读书，面对再严格的劳动制度，家长和孩子也只会采取“对策”敷衍过去。家校合作最需要研究的是如何使劳动成为孩子最重要的精神需求。

劳动教育必须与各种教育内容和谐发展，正如苏霍姆林斯基在《育人三部曲》中所言，“脱离了思想教育、智力教育、道德教育、审美教育、情感教育和体育的劳动，脱离了创造、兴趣和需求的劳动，脱离了学生之间的多方面的关系的劳动，就会成为一种劳役，孩子们只想尽快地‘服完役’，以便有更多的时间去从事更有趣的工作。在许多学校中劳动没能成为一种精神上的需求，这是一个很严重的问题。”

形式主义的做法害死人。如果劳动教育没有和其他教育和谐发展，只安排单纯的劳动、社会公益活动，表面上，学校和家庭好像完成了上级要求；让劳动单位盖个章，学生好像完成了规定的劳动时间要求，但是学生的精神世界没有发生变化，这样的过场有何意义？

还有，有的孩子在学校的时候，对于老师分配的劳动会任劳任怨去做，但是在家里就常常偷懒。为什么在学校愿意做呢？其中一个原因是因为老师掌握批评和表扬的“度”比较好。孩子是需要被肯定的，而家长有的时候就会忽略这个问题，觉得有些劳动是孩子应该做的，或者孩子做完之后家长还会挑剔，总能发现孩子做得不好的地方，这样孩子就会觉得家长总是在批评自己。

当然，还有另外一个问题，就是有的孩子为了追求表扬而去劳动，其实这是教育的失败，不能让孩子为了表扬而做事。这就要求老师和家长不要把批评和表扬本身当成劳动的目的。

（三）劳动教育必须激发自我教育，才能感到美

每位家长是多么希望劳动活动能作为强有力的教育和谐发展措施，让孩子在创造性的劳动中发现自己、激励自己，丰富和提升自己的精神世界，通过自我教育，最终促使德、智、体、美都得到完满发展。到那时，我们的教育才谈得上是真正的教育。

被动的劳动和主动的劳动有本质的区别。劳动教育要想深入和触动内心世界，成为孩子自己的需要，关键是要激发孩子的自我教育。马克思有一句非常重要的话，是说劳动能够使人“在他所创造的世界中直观自身”。通俗地说也就是，一个人通过劳动创造，不同程度地改变了世界，在这个创造中，他可以直接看到自己的本质力量，真正发现自己。比如，一个孩子亲手栽一棵树、种一盆花，天天劳动，看到它们茁壮成长，发现自己创造的力量，为自己骄傲，这才是最好的自我教育。

自我教育绝不是自己在那里苦思冥想，而要通过劳动等实践活动去实现。“一个少年热衷于劳动，深入到劳动中去，在劳动中克服困难、掌握知识、锻炼意志，这时他才开始进行自我教育。这是对少年的教育和少年的自我教育的重要原则。”（苏霍姆林斯基）

如果单纯依靠从上到下的布置和要求，学校和家庭的劳动教育很容易变成被动的劳动。只有重视激发孩子的自我教育意识和能力，根据不同年龄特点，发现

和唤醒他们对各种劳动的兴趣和潜能，在劳动中不断地通过鼓励、反馈等互动环节，结合劳动过程中的各种体验进行价值引导，孩子才能得到自我成长，最终成为一个德、智、体、美全面发展的人。

(四) 劳动教育应该从哪几方面入手呢

我们国家和学校是十分重视劳动教育的。国家专门下发过相关的文件，2015年7月，教育部、共青团中央、全国少工委（全称：中国少年先锋队全国工作委员会）印发了《关于加强中小学劳动教育的意见》，指出了当前劳动教育存在的问题，并就加强新时期中小学劳动教育明确了主要目标、基本原则、关键环节和保障机制，学校也开设有劳动课程。

但是，有些活动并没有深入到孩子的内心去。我认为重要的原因是，我们教育者在贯彻劳动教育的时候，缺乏对劳动教育深刻性的认识。劳动教育应该从哪几方面入手呢?

1. 培养劳动意识和能力

劳动教育的内容中应该有劳动意识的教育。劳动意识就是要让孩子尊重劳动、尊重劳动的成果。有的孩子对财力、物力不爱惜，实际都是对劳动成果的不尊重。还要教育孩子尊重劳动者，包括所谓工作性质比较简单、低等的普通劳动者。

除了劳动意识之外，还要在正确的思想指导下，有意识地培养孩子的劳动能力。现在的情况是：任务来了，就让孩子去参加一下劳动，任务完成了，就不再行动了。没有整体的、特别长远的培养劳动能力的措施。

2. 培养劳动习惯

劳动应该变成习惯和责任。要把劳动意识、劳动能力和劳动习惯联系起来。

劳动教育更深入一步，是要培养孩子的劳动习惯，让劳动成为一种需要。要让孩子能够自觉地爱劳动，不需要大人的督促，这就需要进行更长期的工作。

目前，由于认识上不够深刻，所以造成了措施上也不够全面。

有些劳动看起来就是简单的重复，容易让人厌烦，在这种情况下怎样培养孩子的劳动习惯呢？

这就需要从做人的角度，长远地来看待这个问题。其实，学习有时候也是一件很枯燥的事情，如果看到未来的成果，学生就会知道目前这种枯燥也是一种准备阶段。需要引导孩子不能只看眼前。快乐教育宣传过分了，也容易产生片面性，学习也有艰苦的一面，只不过我们战胜困难之后，会获得特殊的愉快。

当劳动变成一种需要，特别是变成了一种精神需要的时候，对孩子来说，就不再是一种劳役。

如果孩子每天把屋子收拾得很干净，得到一种美感。在这个环境中就会对这些成果感到很自豪，无形中就会有一种满足感。其实整洁和美是有一定联系的。每天都做这件事情，就会成为生活的一部分，成为习惯，愿意在整洁、光亮的环境中生活，变成一种需要后对劳动就不会再有苦恼。当然这会有个过程。家长也可以进行点拨，比如问孩子：你觉得是在这种环境当中生活舒服，还是在混乱的环境当中舒服呢？孩子慢慢就会有体会。对不干净的环境就会不习惯，说明在精神上有所提升了。

3. 劳动教育必须具有创造性，才有美

创造性是人的本质。创造，是人的一种不可缺少的需求，每个人在这种需求中找到幸福。对此，苏霍姆林斯基指出："当一个人感到自己是创造者的时候，他就竭力想变得比现在更好。人在童年，在即将成为少年之前，就意识到自己的创造力和才能，这意义是非常重大的。这个自我意识，也就是个性形成的实质所在。"

"人在通过劳动认识世界的同时创造美，从而确立起对劳动、创造和认识的美感，这时才能达到劳动与情感——审美教育的统一。创造劳动的美，这是一个完整的教育领域，遗憾的是，这同样是教育学上一块未开垦的处女地。"苏霍姆林斯基的遗憾，也许就是我们发展劳动教育应该继续深入探索的方向？

劳动的创造性也是要贯彻在劳动教育当中的。如果劳动不能带来创造，劳动就会失去价值，也不会让孩子产生兴趣。要让孩子在贡献出自己的力量之后，能够看到劳动的创造性的成果。比如，有的家庭里设立"美丽角"，内容由孩子自己选择，这就带有了主动性。有的孩子选择了一盆花，要每天去照看，想尽各种

办法让花长好。这里就有主体的创造性。或者通过劳动，使得原先很脏很乱的环境变得干净整齐，也有创造性的成果。孩子看到这种劳动的成果心里一定很高兴，劳动创造性的内容，会让人产生幸福感。

4. 体力劳动和脑力劳动是相辅相成的

学习当然也是一种劳动，但是一个学生如果进行的全部是脑力劳动，所学的知识都是从书本上得来的，获得的就都是间接经验。当我们需要直接经验的时候，就要亲身参与劳动来实现。只有当亲身参加劳动之后，脑力劳动的设想和蓝图才能在实践当中得到实现，智慧产生在指尖上。

同时，体力劳动也是需要动脑筋的。人类的体力劳动越来越复杂，和脑力劳动的结合越来越紧密。特别是现在这个时代，电脑和网络的出现，很多体力劳动都升级了，特别需要用脑力劳动来实现劳动的高效率。

孩子在家里进行体力劳动，家长要不要给钱？有的孩子刷个碗家长给五毛钱，扫个地给一块钱。有的时候给钱效果确实立竿见影。但是从教育的角度来讲，这个方法不可取。这不是我们的教育目的。我曾经和一些家长讨论过这个问题，比如说孩子给姥姥捶背，要给两块钱。那么，孩子的目的是爱姥姥才给姥姥捶背呢？还是为了这两块钱才给姥姥捶背呢？

在西方有些国家孩子给家里修剪草坪，父母会付他钱。其实这是两种不同的情况，我们是这样区别的：自理劳动、家务劳动是孩子分内的事情，家长就不应该给钱。本来就必须要花钱做的事情，例如雇一个工人来修剪草坪、刷墙等，如果孩子愿意承担，就可以给他钱。既然是付费给孩子，家长就需要检查他工作的质量以及是否全部完成等等。从小参与这种劳动，对孩子也是一个很好的锻炼。

（五）对不同年龄的孩子，劳动的内容和教育方式应该不同

劳动教育要根据家庭的具体情况，同时还要看孩子的年龄。劳动是孩子必须要参加的，但也应该是孩子力所能及的。

就家务劳动来说，孩子比较小的时候可以让孩子在吃饭前摆筷子、搬椅子，再大一些学会刷碗，然后慢慢开始学着做饭，要根据孩子的年龄特点来给他安

排。在这个过程中，最主要的是让孩子学着做一个主人，培养孩子的主体性意识。

有位家长给我讲过一个有趣的例子：有个孩子不好好吃饭，家长就想出一个办法，让这个孩子做吃饭的“总指挥”。开饭了，孩子给每个人安排饭菜。每个人坐在哪里，也由他来决定，让他有主人翁的感觉。这时候，孩子不但自己要吃好，还要监督别人好好吃饭。家里人都很配合他，时间长了，孩子也就好好吃饭了，这就是劳动教育的技巧与智慧。

面对低年级的孩子，就不要把儿童的劳动和游戏看得非常对立。在孩子的小学阶段，有的游戏实际上是带有劳动性质的。当然，由于孩子的年龄还小，他们不会像成人那样有意识地认为自己是在参加劳动。在游戏中，孩子有时化身为某一种职业的从事者时，这里面其实有劳动的概念。游戏里孩子“当医生”，就要动脑筋，还要亲自动手操作。

有时候，游戏也是儿童的一种劳动。不能简单地认为孩子只是在玩而不予以重视。反过来说，孩子的劳动其实也可以有一些游戏性质、游戏成分，这样会提高孩子的积极性，不要把二者对立起来，如果二者结合一下，孩子可能会更有兴趣。这也比较适合儿童的年龄特点。

（六）怎样把劳动变成孩子的精神需要

劳动教育欠缺的现象，在有些家庭是存在的。因为在有些家长的心中，还是把孩子的学习成绩放在首位。认为孩子参加劳动会花很多时间和精力，有这时间还不如让他去上课外班。

我们也看到了一些资料，一组各国小学生每日家务劳动时间数据显示：美国1.2小时，韩国0.7小时，英国0.6小时，法国0.5小时，日本0.4小时，而中国0.2小时，即每天仅12分钟。目前看来，我们国家的孩子劳动时间是最短的。

当然，现在越来越多的家长已经明白教育的目的是培养一个真正的人，一个幸福的孩子，而不是单纯地追求学习成绩，要把孩子的全面发展放在首位。也有家长认识到劳动的重要性，只是不知道该怎样教育更合适，尤其是怎样把劳动变成孩子的精神需要。

每天的家务劳动本身就是一种比较单调的事情，怎么让孩子感到美呢？邱思婷（青年舞蹈家）说过：“如果你深爱一件事，所有的折磨都会变成享受。”所以，要让孩子心甘情愿地爱上劳动，因为心甘情愿才是美。

在承认单调乏味的基础上，还能让孩子不排斥劳动。这就需要让孩子发现自己的本质力量。有创造性的成果，孩子就会有兴趣，可以减少劳动带来的枯燥性。这就是马克思说的，人在自己创造的世界中看到自己的本质力量——主体性、创造性。

有的学校开展了高年级带低年级的读书活动后，发现有的高年级后进生非常卖力气“备课”，因为第二天他要辅导低年级小同学。通过他的辅导，小同学进步了。在小同学身上，后进生看到了自己创造性劳动的成果，发现了自己的“本质力量”，就会越来越喜欢这种教学劳动。

学校里是有劳动课的，但是，家庭如何配合进行教育，目前也存在着问题。我记得以前的劳动课本当中，一年级的孩子有擦皮鞋这项任务，我也进行了一些家访，发现孩子完成的还是很好的——每天能把爸爸的皮鞋擦得亮亮的。但是，后来我再去访问的时候，就说现在已经不擦了，因为这课已经结束了，任务也就完成了。劳动课的目的应该是一旦把孩子的劳动能力提高后，就让它变成一种习惯。现在的问题是，上课的时候做这件事情，课程结束就放弃了，作业不能延续下去。也就是说，劳动完全变成了一种任务，而不是一种习惯。劳动应该变成习惯和责任，要把劳动意识、劳动能力和劳动习惯联系起来。我们的劳动课可能培养了能力，但是没有形成习惯。这是我们的教育考虑不够周到的地方。如果让孩子把劳动变成了一种习惯，也是有利于亲子关系和家庭的和睦。

家长有的时候会心软，会心疼孩子，不希望孩子受累。其实，聪明家长的做法是——孩子进一步，家长就要退一步。我认识一位家长，她孩子上初中以后学会了做早饭。妈妈觉得既然孩子学会了，就每天做吧。她认为只有这样，孩子的能力才能发挥出来。这位妈妈每天工作到很晚，睡得晚，第二天起得也比较晚，所以把做早饭的事情交给了孩子。孩子也很自豪，有了一种被需要的感觉。

家庭还要支持孩子参加公益性的劳动。劳动和时代的发展有很大关系。洗衣机、洗碗机等许多家电的诞生，已代替了人工劳动。我们对孩子的劳动教育就不能仅仅局限于我们能够认识到的东西。现在的孩子除了家务劳动、学校劳动之外，还可以参加一些公益性的劳动。孩子从小就成为志愿者。这种公益性的劳动，对孩子劳动意识的培养范围可能会更宽一些。

公益劳动很有价值，有助于孩子了解社会和人与人之间的关系。孩子在敬老院、孤儿院等地方的劳动，对他的一生都会有很大影响。敬老院里的老人过去都是一些劳动者。他们可以给孩子讲，为国家、为社会做过哪些贡献。老人也是一种财富，他们的很多经历也是一种教材，教育者在这方面要多动脑筋。劳动的观念应该扎根于孩子的脑海中。这是我们教育的一个重要目的。

十二、家庭的独特之美

爱情的最高境界——眼睛为她下着雨，心却为她打着伞。

——泰戈尔

（一）和谐——家庭里更多的是接纳、理解

爱情是人类所特有的，也只有人类能把它提升到永无止境的高度。一个能够不断突破并创造出新的高度的人，才是世界上最幸福的人。

如果一个人在为对方付出的时候，心甘情愿，感到幸福，这一定是在爱着。

但是，建立家庭毕竟要复杂得多，仅仅有爱情还是不够的。况且，两个人建立家庭的时候，往往都比较年轻，要想达到和谐之美，还需要有一个过程——甚至是艰难曲折的过程。

两个同样声称自己是最忠诚于爱情的人，有的竟然最终反目为仇。究其原因，原来是他们各自理解的爱情，其实相距甚远。

家庭的和谐之美，绝不是自然而然形成的，它需要大家的积极经营，根据许多家庭的经验教训，大致可以从四个方面逐步接近理想状态：

1. 沟通

现代的婚姻是自由、自愿、自主结合的，夫妻两个人是由于两情相悦，才走到一起的。这种心甘情愿是非常重要的基础。但是这并不等于，有了基础就一劳永逸，双方必须善于经营婚姻，就是要在烦琐复杂的家庭生活中，继续加强情感的沟通。

爱情是最高尚和最复杂的情感。泰戈尔说过："爱情的最高境界——眼睛为她下着雨，心却为她打着伞。"他歌颂爱情的最高境界是："不仅有心心相印的情感，而且有心甘情愿的自觉行动。"

动物只有性，没有爱情。那些因追求对方被拒绝而杀人，或者为金钱而委身于人、一夜情，都不是由于爱情。

有学者指出："爱情是两个独立的人，才会有的东西。"所谓独立的人，就是具有主体性（人的最高本质）的人，也就是具有成熟的正确的价值观，才能够有真正的爱情。

在爱情的基础上，还需要沟通。沟通为什么能够使家庭更加和谐？

正像培根所说："如果你把快乐告诉一个朋友，你将得到两个快乐，而如果你把忧愁向一个朋友倾诉，你将被分掉一半忧愁。"可见，加强沟通，可以使家庭的快乐倍增，还可以使家庭中的忧愁倍减。何乐而不为呢？

有的人强调夫妻两个人的性格不同、职业不同、兴趣不同，怎么能够愉快相处呢？那么，就请看周有光和张允和夫妻俩是怎么做的吧！

> 都说相爱容易相处难。有千难万难，谁都绕不过的，是如何求同存异。周有光和张允和性格不同、兴趣也不一样。有光搞现代化研究，推广汉语拼音，也顺带喜欢喝点洋气的咖啡。允和是大家闺秀，自幼学习古文，喜欢昆曲，绿茶才是她的真爱。
>
> 晚年时，他们常常同在一个房间，他在这头研究语言，她在那头听听昆曲。每天两个中场休息时段，上午十点来一道茶，下午三四点则上一道咖啡。喝时两人还要把杯子高高举起碰一下，张允和有碰杯四部曲，举——起——敬——收。两人又戏称这是"举杯齐眉"。两个老顽童，每天都是这么相爱相敬，甜蜜如初。

2. 妥协

台湾诗人余光中有一句名言："家是讲情的地方，不是讲理的地方。"猛一听，这句话好像很不靠谱。有的人甚至写文章进行了批判，说什么"在家庭中也有大是大非，例如政治立场问题，就必须讲理"。

其实，批评者忘记了，家庭是一个特殊的共同体——是为了共同的情感走到一起来了。余光中曾经做了这样出色的解释：“其实，不是不讲理，而是不用讲理。”“夫妻相处是靠妥协。婚姻是一种妥协的艺术，是一对一的民主，一加一的自由。”“爱是可以化解矛盾的。”

为什么有的家庭不能妥协？一个重要的原因是夫妻双方尚未成熟，没有完全成为精神上独立的人。“爱情是两个独立的人，才会有的东西。”独立的人，就能够自主地经过妥协，解决两个人遇到的问题。余光中和他的妻子就是两个成熟的、独立的人。

诗人余光中与妻子范我存结婚61年，2017年庆祝钻石婚，两人相知相惜，互信互补。诗人对美满婚姻的心得为：家是讲情的地方，不是讲理的地方，夫妻相处是靠妥协。

范我存小名“咪咪”，是余光中的远房表妹，两人相识超过70年。余光中曾说，钻石婚必须两个人合作，如果其中有人先走，无论是离婚或早夭都不能成，得两个人都长寿，且不分离。

结婚61年，夫妻几乎没吵过什么架。范我存说，因为彼此的兴趣、价值观差不多，这可能与成长经验有关，两人都是童年逃难，历经抗战、内战。“我们是抗战儿女。”也许是经历过那一代日子，对很多东西都比较珍惜。一直到现在，两个江南人私下说着话，用的还是四川音。

余光中表示，结婚的理想是追求幸福，是妥协的艺术，各让一步。夫妻曾为十几对新人福证，他总会准备一本英国剧作家王尔德的喜剧中译本“理想丈夫”，勉励新人相互体谅，白头偕老。

作家张晓风曾形容，余光中是众人汲饮的井，而范我存，就是那位护井的人。

余光中提出的“各让一步”，就是一种“妥协的艺术”。家庭里的和谐，更多的是来自妥协、包容、理解。这样做，看起来太曲折，不干脆，但是经验告诉我们“两点间最短的距离并不一定是直线”；在战略上，那漫长的迂回的道路，常常是达到目的地最短的途径（英国军事理论家哈利），所以妥协是经营家庭生活时一个十分重要的策略。

3. 接纳

印度诗人泰戈尔用诗的语言写出了接纳的心态——“若是你给我一朵残花，我也要把它放在心上。若是那花上有刺呢？我就忍受着。”

婚姻千万不要过于理想化。在现实中切忌一味追求完美主义，绝不能把爱情和婚姻建筑在空想基础上。

一方面，在寻找对象阶段，主要应该看对方发展——包括发展方向和发展潜力。要重视发现物质和精神上的“潜力股”；另一方面，在组成家庭后，要共同为幸福的家庭奋斗。在这里，钱氏家族延续千年，人才辈出，之所以成为经久不衰的望族，他们的经验值得学习。

钱氏家族还有一个秘诀，就是“优化组合”的婚姻原则。钱氏子孙的婚姻观，相对于家世、财富，更看重配偶的家庭教养和个人素质，“娶媳求淑女，勿计妆奁，嫁女择佳婿，勿慕富贵”，细数近现代钱氏家族的配偶身份，大多遵循这一原则。

最著名的莫过于钱锺书、杨绛这对传世伉俪。插一个小故事，当年钱锺书应胡适之约到清华大学教书，杨绛恰恰是班里唯一的女学生，初次见面，杨绛眼中的钱锺书身着青布大褂，脚踏毛底布鞋，戴一副老式眼镜，眉宇间“蔚然而深秀”。当时两人只是匆匆一见，甚至没说一句话，但当下都彼此难忘。之后，钱锺书写信给杨绛，约在工字厅相会。一见面，他的第一句话就是：“我没有订婚。”杨绛答：“我也没有男朋友。”从此两人便开始鸿雁往来，“越写越勤，一天一封”，直至杨绛觉出：“他放假就回家了。（我）难受了好多时。冷静下来，觉得不好，这是fall in love（坠入爱河）了。”后来二人举案齐眉，伉俪情深，共同到欧洲留学，这也是一段传世佳话了。

4. 积极互动

十个指头不一般齐，一个家庭中各个成员不可能完全一致，这就需要通过家庭中的各种活动，进行积极的互动，在交流与沟通中逐步走向和谐。

要是一味地想按照自己的理想模式，来改造对方，是傻人；但是认为自己是不可改变的，不善于完善自己的人，则是更傻的人。

积极互动有什么内容呢，有人说："理解和信任，使爱情持久；善于欣赏对方，则使爱情甜蜜。"每个人都客观地存在着优点和缺点，如果整天盯着对方的缺点，越看越不顺眼，越看越不愉快。所以，夫妻双方首先要善于发现和欣赏对方的优点。用审美的眼光，在对方身上看出美的萌芽。

教育家苏霍姆林斯基对婚姻和爱情有许多精辟的见解，下面的引文虽然是针对未婚青年写的，但是对于已婚仍然继续恋爱的双方，同样有借鉴价值。

"我们认为有必要使男女孩子们怀着深深的责任感，去对待他们相互之间的关系。恋爱自由需要最严厉的、最不容忍轻率行为的纪律和自我约束。只有善于把握自己的人，善于用理智控制本能的人，才能得到人类最大的幸福。只有在这样的条件下才谈得上恋爱自由。"①

"如果一个人崇拜马克思所描述的那个世界中最纯洁、最隐秘的东西——妇女、母亲、生儿育女，他才有可能认识爱情的美。没有这种认识，这个人就不可能懂得并具有人的修养。如果我们当老师的希望从学校里培养出来的人，没有一个是没有知识的，没有教养的，那么我们就应该在他们的少年时代，就是在他们即将成长为男人和女人的时候，使他们具有这样的认识。"②

"我们特别注意对女孩子进行教育。这种教育可以称为母性自豪感的教育。……我是一个女孩子，将来就是一位母亲。大自然和社会赋予我一项伟大的使命——在孩子身上重塑自我和我热爱的人，把人类所创造的一切优秀的东西都移植到他们身上。"③

在家庭里突出什么？突出爱情的美，让性本能走向深刻与高尚，追求以人类高层次的爱情所充实的美好生活，经过双方努力，婚姻生活最后要走向高尚，走向美。

家庭中的互动，除了重点是夫妻间的互动之外，全家的互动，也不可少。

有的家庭有很好的习惯：在每周双休日，全家搞完大扫除之后，窗明几净，

① 〔苏〕苏霍姆林斯基：《育人三部曲》，人民教育出版社1998年出版，535页。

② 同上，617页。

③ 同上，396页。

召开一个家庭民主会，不论大人、小孩都可以互相表扬，也可以相互批评。下面是一个一年级小学生对家庭互动活动的赞赏。

2005年3月10日 星期四（大风）

家tíng（庭）会议

我家开了一个家tíng（庭）会议，我是家tíng（庭）会议的zhǔ（主）要人wù（物），我提出了大家需要改正什么。比如xiàng（像）爸爸禁止吸烟喝酒，妈妈禁止唠叨gěi（给）我加作业，我禁止多看动画片和没耐心。我们dōu（都）要gǎi（改）正自己的缺点。我们zhè（这）个会开的hěn（很）有意义。

（香厂路小学一年级一班 张雪娇）

据我所知，坚持家庭民主会的家庭，家庭关系会越来越好，应该说这是中国家庭走向民主的第一步。我曾经问过学生："家庭民主会上你敢提意见吗?"学生兴奋地说："敢提，我昨天就给妈妈提了意见：'妈妈，你给我加的作业太多，晚上十点都没有做完，白天上课一点也没有精神……'"

"妈妈接受吗?"

"接受了，只是后来加了一句——都是为你好。"

看得出，母亲暂时还不习惯这种民主生活，想用自己的"好心"来维护家长的尊严，但是这已经是不错的开始了。

最兴奋的是年轻一代，有的孩子脸上洋溢着幸福："以后，我有什么意见，就攒到民主会上去说……"

（二）温馨——家庭是征程中休息疗养的港湾

人们把家庭比作征程中休息疗养的港湾，颇有道理。人生好似一个征程，不能总是战火纷飞，马不停蹄。奋战之后，有一个温馨、雅静的环境，进行短暂的休闲、修整，实属必要。

人生不应该只追求生命的长度，还应该追求生命的宽度、厚度和浓度。所谓宽度是指生活的宽阔程度，实践面要宽，体验面要全；所谓厚度，是指生活的深刻程度，不断探索生活意义，逐步实现人生价值；所谓浓度，是指生活的丰富程度，生活内容要色彩缤纷，生活视角要千回百转，生活味道要酸甜苦辣咸，五味俱全。

人的需要包括生存、发展、享用三个层次，生存是基础，发展是趋势，而加上享用，自己得到了自主的体验，才是真正意义上的生存。

实际上，生存、发展、享用是人生活动目的的一个完整链条。因为，人类的物质生活需要是有限的，人们越来越需要从物质生活之外去寻找精神的寄托。精神生活，包括快乐的休闲，包括人类自己发明的“节日”，对于人具有更高的享用价值。

过去，人们对休闲存在偏见，总是把休闲看作为工作服务的，仅仅承认“不会休息就不会工作”；甚至还有人把休闲看作纯粹消极性质的，以为休闲浪费了时间，好像只有从不休息的“工作狂”才值得敬佩。

其实，休闲是为生命而存在的，我们应该站在热爱生命的高度重新看待休闲。休闲不只解决身体的疲劳，而且可以赢得精神上的自由，解放生命的活力，使我们的生命潜能得到充分发挥。尤其是在今天，按照著名未来学家格雷厄姆·莫利托在《全球经济将出现五大浪潮》中的说法：到2015年，人类将走过信息时代的高峰期，进入休闲时代，我们更应该重视休闲，把提高休闲质量和提升生命质量结合起来。

为什么生命需要休闲？家庭中的休闲，究竟能够使我们的生命得到什么？

家庭这个港湾与一般的居所并不一样，它至少应该有五个条件：享受独特空间，身体能够放松，精神得到休息，心灵全部开放，重新充电加油。

1. 享受独特空间

家庭作为港湾，房间不需要大，但需要是相对独立的、具有温馨、雅静特点的。

从审美角度看，唐代刘禹锡的《陋室铭》所描述的，就有家庭作为港湾应该具备的几个条件：山不在高，有仙则名。水不在深，有龙则灵。斯是陋室，惟吾德馨。苔痕上阶绿，草色入帘青。谈笑有鸿儒，往来无白丁。可以调素琴，阅金经。无丝竹之乱耳，无案牍之劳形。南阳诸葛庐，西蜀子云亭。孔子云：何陋之有？

译文：山不在于高，有了神仙就出名。水不在于深，有了龙就显得有了灵气。这是简陋的房子，只是我（住屋的人）品德好（就感觉不到简陋了）。长到台阶上的青苔颜色碧绿；草色青葱，映入帘中。到这里谈笑的都是知识渊博的大学者，交往的没有知识浅薄的人，可以弹奏不加装饰的古琴，阅读佛经。没有奏乐的声音扰乱双耳，没有官府的公文使身体劳累。南阳有诸葛亮的草庐，西蜀有扬子云的亭子。孔子说："有什么简陋的呢？"

这个空间之所以独特，就在于一方面要满足家庭成员自身的需要，另一方面要满足家庭与社会交往的需要。会客厅，可以展示全家福照片，有关家规、家训的条幅，大家喜欢的艺术作品。全家的客人来到，全体成员一起热情接待，而某一个成员的客人来到，其他成员礼貌性的打招呼，然后能够回到自己的空间，做自己的事情。

家庭空间的独特，还在于它既要满足家庭成员欢聚一堂、互动交流的需要，又要满足成员中个性发展、独立成长的需要。家庭中每个成员的相互联系，也不能过于随便，这也是"距离产生美"。例如，进入个人的私人空间必须敲门。

孩子需要什么样的空间？一方面，他需要有一个安静的自己的空间，在那里读书、写作业，甚至在那里遐想。这时候，如果家长不知趣，一会儿送上一杯水，一会儿送上一个水果，一会儿伸过头去张望。其实，这些行为才会导致孩子不专心。

更重要的是，有时候孩子还需要一个有人陪伴的空间。有一个孩子婉转地对妈妈表达了这个要求：

有一天，妈妈和孩子躺在床上要睡觉了，孩子突然向妈妈发表了一通有趣的议论。

孩子说："妈妈，我喜欢头齐脚不齐，不喜欢脚齐头不齐。"

妈妈问："你说的什么意思？跟绕口令似的，妈妈听不懂。"

孩子说："现在咱们俩躺在床上，两个头并齐，而您的脚，伸得远远的——这就叫'头齐脚不齐'；早上您送我上学，咱们俩的脚能够并齐了向前走，可是我个子矮，和您的头没法看齐——这就叫脚齐头不齐。"

妈妈又问："那你为什么喜欢头齐脚不齐？"

孩子回答："躺在床上'头齐脚不齐'和您好聊天呀！上学的时候'脚齐头不齐'要想和您聊天，就得抬着头，伸长了脖子使劲儿喊，甭提多费劲啦！"

2. 身体能够放松

一个人拖着疲惫的身体回到家中，紧绷的神经盼望着立刻能够放松，开始有效的休息。有的人，听听自己喜欢的莫扎特的《安魂曲》，或者阿炳的《二泉映月》。有的人，喜欢补看一部优秀的电视片，也有的人，偏偏就是喜欢泡一杯茶，读一本早就想读的小说。

而身心可以同时得到放松的最好方式是进行适量的体育运动。而且体育运动最好是父母和孩子在一起。因为两代人在一起进行体育活动的时候，那些代际差异、家长权威都无法存在。体育活动中，无论是打球还是下棋，都是有规则的，人人都必须遵守。不能因为你是爸爸，就有特权，这时候才是真正的平等。

要做到这些，关键是思想要真正想通了。尤其是"工作狂"必须彻底想通，在这里，表面上牺牲了时间，实际上赢得更多的时间。苏霍姆林斯基有一个有名的观点：如果你觉得忙得没有时间，办法就是多读书，读书会使你时间越来越多。读书的结果是知识丰富了，认知水平提高了，没有无谓地浪费时间，这时候，自然时间就会越来越多。

3. 精神得到休息

回到家里，需要改变在工作单位的生活方式。有的人，虽然人在家里，精神仍然紧绷着，用电话、手机不停地和他人联系，精神得不到真正的休息。

台湾诗人余光中曾经说过一段富有诗意的话：人如果太绝情，老是理性地慧剑斩情丝，未免太乏味了，像是不良的导体；但若是太自作多情，每次发生爱情就闹得天翻地覆，酿成悲剧，又太天真了。爱和美不一样，爱发生于实际生活，美却要靠恰好的距离。水中倒影总比岸上的实景令人着迷。

为了得到精神上的休息，有的家庭自己有特殊规定：在睡觉前，大家都不看、不谈动脑筋的事情；还有的家庭自己规定：除了双休日，全家都不看电视。

有的人，即使不和外界联系，仍是手机不离手，两眼不离机。全家人坐在一起，看起来是不能再近了，但是彼此的心却太远了。这个问题，每个家庭都需要认真解决。

4. 心灵全部开放

在繁忙的工作中，思想容易变得麻木，会按照一个固定的模式去思考问题，好像有个跳不出的僵化怪圈。

在家里，精神得休息，思想全放松，目的是跳出原来的小圈子，以一个全新的视角去看看世界。开放，才能让新的东西进来。

每个人的生命虽然都应该富有内涵，都应该充满活力，但是在繁重的工作、学习压力下，我们的生命在萎缩，在传统的意识、心理的影响下，我们的生命会自我封闭起来。而温馨的家庭生活，使我们拥有了自己的时间，选择了自己喜欢的内容，外部和内部的压力一下子全都抛到九霄云外，这时生命得到了解放，原有的潜力在这时才得到彻底的释放。

不论成人还是孩子，温馨的休闲时刻才是生命最放松、最快乐、最难忘、最能够发挥潜力的时候。因此，休闲更是自我教育，是自觉完善自己的一种学习。

去石景山游乐场玩

有一次，我和爸爸妈妈一起到石景山游乐场玩。那里的游戏真多啊!有意大利飞毯、水中漂筏、激流勇进、蜗牛爬树、滑索、疯狂老鼠、吃惊屋、矿山车等。我先玩了激流勇进，那时，我的心里特别激动，一下我就成了一大块刚融化的冰。之后，我们又去玩蜗牛爬树，这个游戏真有意思，蜗牛下树的时候慢吞吞的，看来这只蜗牛是老了，……

这次去石景山游乐场我玩得真开心，这次游玩使我永远难忘。

（小学三年级学生刘传）

这名小学生在休闲时刻去石景山游乐场，“玩得真开心”“这次游玩使我永远难忘”，表明休闲才是最快乐、最难忘的。“一下我就成了一大块刚融化的冰”，则形象地告诉我们休闲是最放松、最能够发挥潜力的时刻。

人们新的想法，甚至是灵感，什么时候出现呢？有时候，是在一次散步中；有时候，是在清晨醒来时；有时候，是在读一篇文章或者与家人交谈之后。总之，比较多的是在温馨的、心灵完全放松的时刻。

5. 重新充电加油

温馨的家庭生活，能够给每一个家庭成员重新充电——获得新知识，学习新方法，发现新途径。

繁重的工作、学习能够把人撕成碎片，而温馨的家庭生活可以把生命重新拼合。因此，休闲可以使人表现出全部真实的自我。

林语堂在《人生的乐趣》一文中，有一段正是表达了这种深刻的见解：

“只有知道一个人怎样利用闲暇时光，才会真正了解这个人一样。只有当一个人歇下他手头不得不干的事情，开始做他所喜欢做的事情时，他的个性才会显露出来。只有当社会与公务的压力消失，金钱、名誉和野心的刺激离去，精神可以随心所欲地游荡之时，我们才会看到一个内在的人，看到他真正的自我。”

发现了真实的自我，才有可能找到自己的真实需要，开始重新充电加油。

自由是创造的前提，而唯有温馨的休闲才能给人更多的自由。正像教育家苏霍姆林斯基所说：“只有孩子每天按自己的意愿随意使用5~7小时的空余时间，才有可能培养出聪明的、全面发展的人来。”①

当孩子躺在草地上，悠闲地欣赏着天上的云朵；当孩子坐在竹椅上，敬畏地注视着天空的繁星，他的幻想可能飞到遥远的天际，他的思绪可能已经穿透上下亿万年。

在这个时候，家长千万不要去打扰他，让他冥思苦想，由他产生奇思妙想，孩子这时候思维最活跃、最能出现创造性。看看下面我的一个二年级小学生，她的创造性想象多么丰富啊！

---

① 〔苏〕苏霍姆林斯基：《帕夫雷中学》，教育科学出版社1983年出版，175页。

2017年12月1日（大风）

夜晚

晚上没有事的时候，我常和妈妈坐在屋顶上，看月亮、数星星。

月亮和星星是经常变化的，月亮圆圆的时候，又大又亮，非常好看。这时，天上的星星很少。我想那一定是月亮妈妈装着满肚子的星星宝宝，不信你看，等月亮妈妈生出了满天的星星，圆鼓鼓的肚子就不见了。当她变成月亮弯弯的时候，也很好看，这时满天都是星星。

我小的时候写过这样一首诗，说出了我的心里话：

月亮弯弯像小船，
我和妈妈坐上边。
飞向太空宇宙系，
去找英雄奥特曼。

（小学二年级学生宋通）

（三）家庭里充满机智快乐的交流——幽默

幽默是一种智慧的表现，含有美的风格。善于幽默的人，往往能够把问题看得很透，只是为了取得更好的效果，他并不直接把看法生硬地端出来，而是采取从容豁达的态度，通过含蓄的、曲折的，甚至有趣的言谈举止去表达。

幽默具有美学风格，它是一种深刻的微笑，一种含蓄的讽刺，因此它不仅带来快乐，而且更重要的是让人感到意味深长，余味无穷。

家庭中非常适合多一些幽默，因为在长期的家庭生活中，难免出现“锅沿碰碗沿”“擦枪走火”的事情。不过，家庭生活中往往没有什么原则性的问题，只是，如果大家都不注意，有时候话赶话，小事情也会搞得不愉快。

那么，怎么才能化解呢？幽默是一个应该掌握的法宝。

1. 趣事化解

老奶奶用有趣的事，把对方“气乐了”。

打招呼

我看邻居老姐姐新做的发型很好看，人也显得年轻了许多，便也到美发厅做了新发型。回到家中，我想给老伴来个惊喜，岂料老伴看到很不高兴地说：“那么好的长发剪了多可惜！剪发前也不和我打声招呼！”我指着老伴光秃秃的头顶，针锋相对地说：“你偷偷地把头顶秃了，不是也没和我打招呼吗?”一句话，把老伴给气乐了！①

居然“一句话，把老伴给气乐了！”这是因为老奶奶的智慧，用“秃顶”“你也没和我打招呼”，这样有趣的事情，打迂回战，化解了老爷爷的不高兴。

2. 善于自嘲

有一次，苏格拉底正在和学生讨论问题，他凶悍的妻子恶语相加还不算，一转身又将一桶水浇在苏格拉底的头上。这时候，成了落汤鸡的苏格拉底反而幽默地说：“我就知道，电闪雷鸣之后，肯定是倾盆大雨。”

学生不解地问：“老师，您为什么这样容忍她?”这时，苏格拉底竟说出了一句流传后世的哲理：“我如果能够容忍她，全世界什么样的人，我都可以容忍了。”

明明是对方的缺点，但是采取容忍的态度，用有趣的口吻描述对方的行为，只有站得高的人、豁达的人，才能有这种宽容心，以从容的态度化解家庭生活中的紧张气氛。

3. 正话反说

“允和最聪明，可是她做的最笨的事情就是嫁给周有光。”

周有光年轻时就热衷于语言研究，很会开玩笑，而张允和也懂他的笑点。允和24岁时与有光结婚，是张家十个兄弟姐妹中最先结婚的，朋友聚会时总爱调侃她：“二小姐做什么事情都快，连结婚都犯规，比姐姐先出阁。”允和却不正面接话，转而打趣道：“对嘛，不要脸，这么早结婚。”亦

① 刘会琴：《夫妻间会说话乐事多》，《中国妇女报》2017年11月26日。

说自己，更是逗夫君有光。有光急中生智：“允和最聪明，可是她做的最笨的事情就是嫁给周有光。”

家庭中多一些这样的幽默，而不是对抗，会更加增添幸福感。先是张允和的自嘲，接着是周有光的正话反说，反而让大家觉得：张允和嫁给周有光是最聪明的事情。

4. 故意示弱

后来，当六岁的儿子向我怒吼时，我不再以更高的声调吼回去，改为弱弱地说：“有话就好好说吗，干吗那么大声啊，好害怕。”他赶紧上来抱住我：“别怕、别怕，我不是故意的！”

从我不再大吼大叫之后，孩子的改变也很明显。每次我示弱，他总是第一个冲上来保护我。其次是让他当英雄。对他的小小行动，我学着及时夸奖：“今天真是多亏了你啊！”熊孩子自信力爆棚，经常主动来问：“有没有事情需要我帮忙？给我安排点活吧，我也能干！”

对6岁儿子的方法，对36岁的丈夫照样管用。我们家历来我管钱。以往每月一发工资，我就准时收租。但是我的方式就比较黄世仁了，“发工资赶紧转过来，每次都得催！”又或者“那么几个钱，还得我开口要。”虽然最后事都办了，但两个人都很烦。

我把对熊孩子的经验用到他爹身上，换种表述：“皇上，这月例银子还没发，臣妾要吃土了。”丈夫竟吃这套，赶紧回：“爱妃稍等，马上转！”柔情蜜意，皆大欢喜。

一个智慧的妈妈，一定也是一个优秀的妻子。因为她懂得，男孩未来终究要长成男人，而男人心中也始终有个男孩。[①]

5. 寓庄于谐

用“寓庄于谐”的方法，保护对方的自尊心。

---

① 李爱玲著：《越女王 越少女》，江苏凤凰文艺出版社2017年出版，102页。

例1：

有一次，女儿和父亲散步，父亲有随地吐痰的坏习惯，忍不住刚想吐痰，女儿不动声色地说："今天，我要有10块钱收入啦！"（当地有规定：随地吐痰罚款10元）

例2：

喜剧大师萧伯纳，有许多追求者，有一位十分美貌，但有没有头脑的演员，为了说服萧伯纳同意和她结婚，竟然说："将来我们的孩子面貌如我，智慧如你，那一定是世界上最优秀的人了。"萧伯纳不动声色地反问她："如果孩子智慧如你，面貌如我，怎么办？"

上面这两个例子，一位大师，一个孩子，都是采取了幽默的方法，用开玩笑的方法，把严肃的本质问题点得很透，又保护了对方的自尊心。

6. 举重若轻

例1：

我记得，我们小时候，母亲一个人养活我们兄弟姐妹四个人，十分辛苦，但是母亲从来都是耐心教育我们。有时候，吃完饭不能够主动去刷碗。母亲并不生气地吡我们，而是笑眯眯地自言自语说："咱们家的佣人怎么还不来收拾碗筷？"大家一听，就笑呵呵争前恐后地去干活了。

例2：

有一次，孩子问爸爸几个问题，爸爸都没有答上来，孩子就说："这个问题都回答不了，还能够当爸爸吗？以后咱们家改选。"

例3：

列宁以他的幽默换取了爱情。他给娜佳的求婚信，是以大骂"民粹派"开头的，到了结尾，来了个狡猾的"又及：请你做我的妻子"。

当小护士们问列宁是怎样爱上娜佳（即列宁夫人）的，列宁风趣地说：当时他们以各种聚会的形式为掩护，来讨论马克思主义，有一次是吃春饼，他认识了娜佳，"确切地说，当我吃第四张春饼的时候，我爱上了她。"[①]

① 徐侗：《话说幽默》，上海社会科学院出版社1989年出版，72页。

这三个例子，都是通过委婉、轻松的方式，把重要的问题一带而出（家务劳动、自觉性、家长的知识水平问题），给人一种举重若轻的感觉，家庭中就需要这种以幽默讨论重大的议题的方法。

7. 幽默的行动

例：老莱娱亲

春秋时期，楚国有位隐士，名叫老莱子。这个老莱子非常孝顺父母，对父母体贴入微，千方百计讨父母的欢心。

为了让父母过得快乐，老莱子特地养了几只美丽善叫的鸟让父母玩耍。他自己也经常引逗鸟，让鸟发出动听的叫声。父亲听了很高兴，总是笑着说："这鸟叫声真动听！"老莱子见父母脸上有笑容，心里非常高兴。

老莱子其实也不小了，已年过70。一次，父母看着儿子的花白头发，唉声叹气说："连儿子都这么老了，我们在世的日子也不长了。"

老莱子害怕父母担忧，继续想着法子让父母高兴。于是，他专门做了一套五彩斑斓的衣服，走路时也装着跳舞的样子，父母看了总是乐呵呵的。

一天，他为父母取浆上堂，不小心跌了一跤。他害怕父母伤心，故意装着婴儿啼哭的声音，并在地上打滚。父母还真的以为老莱子是故意跌倒打滚的，见他老也爬不起来，笑着说："莱子真好玩啊，快起来吧。"

老莱子用幽默的行动达到了很好的效果，给家庭增添了特殊的欢乐。

家庭成员中，关系十分亲密，相互理解，彼此深知。许多事情不需要多说，就能够产生默契，因此，在这个基础上，幽默的方法会运用得更加出色。我相信，在新时代家庭中的审美将会达到新的高度。

十三、家庭美育需要关注孩子的年龄特点

儿童世界则是一个特殊的世界。儿童有他们自己的善恶和荣辱观念及人的尊严观念；他们有自己的审美标准……

——苏霍姆林斯基

没有一个人不爱美，孩子也不例外。但是，他们的审美、立美意识和能力与成人还是有区别的。作为正在发展中的孩子，他们尚未成熟，他们的心理结构决定了他们审美、立美有自己的年龄特点，因此绝不应该“一刀切”，用成人的标准去要求他们。同时，还要面向未来，用继续发展的眼光去看待他们、培养他们。这是我们教师、家长在进行美育时特别需要注意的。

我们培养孩子不仅要有发现美、理解美、欣赏美的意识和能力，还要有表现美和创造美的意识和能力。不但审美，更重要的还要立美。因为“美远不止于审美，而是以人的践行为本，从而与宇宙协同共在的‘天地之大美’。这‘大美’不只是静观，也不只是自然界。没有人类和每个个体的活生生的存在、生活、实践、奋斗，宇宙将是毫无意义的一片荒凉。”①

（一）必须掌握孩子审美、立美的年龄特点

孩子对“真”的把握，由于他们知识有限，思维能力尚不成熟，也就是难免有片面性和表面性，不可能完善掌握客观规律；孩子对“善”的把握，也是由于

① 李泽厚、刘绪源：《中国哲学如何登场?》，上海译文出版社2012出版，122页。

人生阅历不足，不可能充分理解人的需要。例如，对“幸福”的理解，一个8岁的孩子和一个80岁的老人，自然有很大差距。

这种区别，就决定了作为尚未成熟的孩子，在“超越真和善各自的片面性，比较自由地把握客体，从而充分地达到自我实现的境界——即美的境界”方面，还需要有一个比较长的发展过程。

1. 年龄不同，审美、立美的特点不同

儿童有自己审美的特殊性，和成人世界相比，它没有高低的问题，而是有不同的特点。苏霍姆林斯基就曾经指出：“儿童世界则是一个特殊的世界。儿童有他们自己的善恶和荣辱观念及人的尊严观念；他们有自己的审美标准，甚至有自己的时间尺度：童年时代，一天犹如一年，而一年则是无限长的。”[①]

上海市某儿童画展，一位小朋友的作品上有一个洞，评审们好奇地问，这是不是一幅破损的作品？小朋友说，这是进入世外桃源的入口。孩子的答案，耐人寻味。如何擦亮发现美的眼睛，是一个需要全社会去回答的课题。[②]

看来，美好的事物虽然人人向往，若是缺少发现的眼睛，它也容易被遮蔽了。

苏霍姆林斯基经过多年的调查研究，发现孩子的年龄不同，审美特点也不同，并且梳理了一个比较系统的认识。

6~10岁的孩子，在明白易懂的、令人感动的思想，通过神话的形式传到他们的头脑中时，会产生一种特别强烈的审美感情。寓意能加深他们的印象，使他们确立其关于善与恶、正义与非正义、美丽与庸俗的概念。

实践表明，7~11岁孩子的审美感知和同审美感受范围有关的积极活动，都会在人的情感记忆里留下终生难忘的印象。7~11岁孩子由于在自然界和周围环境中，在劳动和创造中感觉到美的事物与和谐的现象，因此随着年龄的增长，产生越来越深刻的审美享受。保留这一年龄的智力记忆和情绪记忆的直接印象的痕

---

① 〔苏〕苏霍姆林斯基：《育人三部曲》，人民教育出版社1998年出版，6页。

② 赵婀娜：《美育是一种刚需》，《人民日报》2017年7月4日第5版。

迹，都将在以后的精神生活中，获得越来越新的意味。与此同时，使人的各种新的思想、信念和感受永远保留着第一次印象的色彩。

低年级学生对美的感受具有普遍性和一般性，并通过集体生活表现出来，这很有代表性；然而，后期（特别是在少年时期）学生所追求的美的精神生活则趋于个性化。这一点首先可以用不同年龄的学生，对大自然的美和艺术创作的美的不同感知来加以证实。

16~18岁的男女青年的审美态度又有些不同，对他们来说，两个人一起——同男朋友或女朋友一起观赏大自然的美，是一种极大的享受。”[①]

由于感知自然和艺术中的美，同时能发现人的自身的美。……如果说儿童和少年观赏美丽如画的自然景色，便能产生美感，那么青年人则能对一些乍看来并不光耀夺目的自然景象，做出高度的审美评价，充满生机和正在发展的事物，使他们心旷神怡，产生美感。[②]

2. 年龄不同，美育方法就应该不同

面对幼儿园、小学、初中和高中不同阶段的孩子，在进行美育的时候，务必认真思考年龄特点，采取恰当的方法。

苏霍姆林斯基指出，不同年龄学生的审美认识不同，方法也必须不同。

低年级学生的感觉具有形象性、直接性的特点，它可以促使学生积极参加培养美的情感活动。

7~11岁的儿童，由于感受到大自然和周围环境的美，很容易被吸引参加积极的劳动活动。特别是栽树和照看树木，成了学生最喜爱的劳动，这不仅可以加强他们对美的感受，而且可以培养他们对美的积极的追求，教育他们不能容忍不爱整洁、不爱美观的情况。[③]

“少年期的审美认识和对大自然的理解，比童年期复杂得多。如果说儿童只是单纯地欣赏周围环境的美，那么，少年在赞叹美的同时，已不能不去思考，不去刨根问底地探索这种美的源泉。”[④]“少年的审美知觉越深刻，他的思想的飞跃

① 《苏霍姆林斯基选集（五卷本）》第一卷，教育科学出版社2001年出版，356—363页。

② 〔苏〕苏霍姆林斯基：《学生的精神世界》，教育科学出版社1981年出版，198页。

③ 《苏霍姆林斯基选集（五卷本）》，教育科学出版社2001年出版，359页。

④ 〔苏〕苏霍姆林斯基：《育人三部曲》，人民教育出版社1998年出版，606页。

就越有力，他就越渴望通过自己的思想去看到更多的东西。”[1]

而初中学生则会透过大自然的美，思考它后面的规律。“在少年面前，揭示着这样一些科学真理，如物质的永恒性、宇宙的无限性、能量从一种形态转化为另一种形态、生物和非生物的统一。洞察这些真理的本质，对少年来说是多么鲜明的、多么出乎意料的发现……”[2]以这些思考，去引导初中学生，发现世界是一个和谐的、丰富多彩的、美的整体，将使他们逐步建立正确的深刻的世界观。

在高中阶段，则需要将思想逐步系统化、理论化。那些碎片化的知识和各自独立存在的理念，已经不能满足高中学生进一步发展精神世界的要求了。

有调查表明：从小学到大学各个阶段中，其中高中、大学阶段“依据社会舆论和流行时尚”做出审美判断的最多，这说明他们在思想逐步系统化、理论化的过程中，虽然超出了“依据兴趣和爱好”比较低层次的审美判断水平，但是还没有达到比较深刻的境界。因此，通过美育，使高中学生在人生观、世界观方面进一步得到提高，是高中阶段的任务。

所以，对于家庭美育，一方面，需要从小做起，从基础做起，从感情修养开始，从感性地接触大自然，接触各种美的事物开始，与德育、智育相互促进。不能认为他们还小，就放松、甚至放弃美育；另一方面，又不能操之过急，把一些孩子还不能理解的成人美育内容，生硬地让他们模仿，做成“夹生饭”。

家庭美育，重点是在幼儿和儿童阶段。这个阶段不应该人为地提前强加抽象的理智教育。应该是随着孩子真与善的不断完善，同时积极开展美育，使他们的心灵发展迅速而充实，逐步达到更高的美的层次，最终目的是提高人生的精神境界。

（二）立足于孩子审美、立美年龄特点的美育

审美、立美是人类独有的特性，一个人出生之后，就开始了审美、立美能力的发展。“美是人类原始体验的一种。作为自发的情感体验，美感出现比道德感要早。”[3]

---

① 同上，605页。

② 同上，602页。

③ 朱小蔓：《情感教育论纲》，人民出版社2007年出版，81页。

1. 0~2岁孩子的美育特点及教育重点

几个月大的孩子，已经能够对鲜艳的颜色和悦耳、有节奏的声音，产生愉快的反应，但基本属于无意识的，还不是美感。到了1岁左右，能够辨别各种颜色和声音。随着语言的发展，在成人富有情感语言、动作、表情的影响下，开始通过模仿成人，学习审美。

0~2岁的孩子，他们一般对艺术作品做感觉层面的接受，他们注意的是比较鲜明、简单和变化着的感觉材料，如色彩、声音等，面对作品的内在形式、结构，如构图、旋律等缺乏把握能力。[①]

2. 学龄前幼儿的美育特点及教育重点

学龄前和学龄初期，正是个人的意识、情感和意志确立的时期，这时特别重要的是使儿童感觉到美，对美的事物欢欣鼓舞，为永恒的自然美和人类用双手和智慧创造的，赞叹不已。[②]

3~6岁的学龄前儿童，比较喜爱即兴式的艺术创作和欣赏。他们往往把作品作为某种内心情绪的表达，而且经常以身体动作来配合审美感受，开始对形式、结构产生兴趣，旋律感和节奏感的形成便是一个标志。对作品的理解也已从感觉材料深入到它的情绪内涵之中。在能力方面，想象力的发展尤为突出。[③]

幼儿的绘画是画他所想，而不是他所见，想象力在这里得到了充分发展。儿童画就是要“合情不合理”，因此成人不应该主观地用自己的审美标准要求孩子。

学龄前儿童美育的主要任务是引导他们初步感受环境、生活和艺术中的美，培养他们表达美、创造美的情趣和能力。

《关于全面加强和改进学校美育工作的意见》(以下简称《意见》指出：“幼儿园美育要遵循幼儿身心发展规律，通过开展丰富多样的活动，培养幼儿拥有美好、善良的心灵，懂得珍惜美好事物，能用自己的方法去表现美、创造美，使幼

① 杜卫：《美育论》(第二版)，教育科学出版社2014年出版，273页。
② 《苏霍姆林斯基选集（五卷本）》，教育科学出版社2001年出版，245页。
③ 杜卫：《美育论》(第二版)，教育科学出版社2014年出版，274页。

儿快乐生活、健康成长。”

美育重点的建议是：

（1）引导学龄前儿童，接触周围环境和生活中美好的人、事、物，丰富他们的感性经验、培养他们的审美情趣，调动他们表现美、创造美的积极性。

（2）教师、家长在支持、鼓励幼儿积极参加各种艺术活动并大胆表现的同时，应该帮助他们提高表现的技能和能力。

（3）幼儿园、家庭要为孩子提供自由表现的机会，鼓励他们用不同的艺术形式，大胆地表达自己的情感、理解和想象，尊重每个孩子的想法和创造，肯定和接纳他们独特的审美感受和表现方式，分享他们创造的快乐。

（4）教师和家长要指导孩子利用身边的物品或废旧材料制作玩具、手工艺品等，来美化自己的生活。

朝阳区教育研究中心学前教研员安平，探索了“基于生活的幼儿美术教育”，她介绍道：“基于生活的幼儿美术教育”，是基于真实儿童的真实生活的幼儿美术教育。它是一系列符合自身年龄特点和学习方式的感受美、表现美、创造美的活动总和；它使幼儿在自娱自乐、与社会、与人、与己的活动中，获得现实以及未来生活所需要的学习品质、生活态度和商品方式。

基于生活的幼儿美术教育的内涵，可以被凝练成“玩美术，慧生活”六个字。安平介绍说：“玩”是方式，慧生活既是目的，也是状态。玩的本质即快乐。玩不仅凸显接触美术的愉悦状态和心境，而且砍掉了幼儿接触美术的门槛，提倡美术活动的过程是平等的、轻松的。“慧”是一种精神、一种状态、一种修养，如积极主动、专注坚持、交往合作、探索创造、自信快乐、习惯感恩。慧生活就是成就一种有精神、有品质、有修养的生活，凸显幼儿美术教育对幼儿发展的价值。

“玩美术，慧生活”，安平认为要以凝练、直白的表达方式，直接回应现实中存在的幼儿美术的功利现象，积极倡导给予幼儿理解、尊重、爱的美术教育，提倡社会各界都积极行动起来，利用自身资源，为幼儿玩美术提供机会和条件。①

① 安平：《让孩子在“玩美术”中“慧生活”》，《现代教育报》2015年12月2日。

3. 小学生的美育特点及教育重点

“小学阶段的教育，其中心是审美教育与身体感性能力的发展。小学阶段的审美教育首要任务，依然是孕育爱的情感，唤起个性之于他人与世界的优美的情感，始终是个体成长的灵魂所在。个体作为自然肉身的存在，受制于个体的性情欲望，难免是盲目而无序的，审美教育的重要功能就是协调个体的性情欲望，促成心灵秩序的和谐。如果说早期的爱的教育是赋予自然肉身以情感的温润，寄予个体最初的属人性，在赋予爱心的亲子交往中协调个人的性情欲望。那么，接下来的审美教育，就是要以优美的节奏与和谐的秩序来优雅人的身体姿态，协调人的性情欲望，扩展儿童身心自由的体验，进一步扩展基于身体的感知能力与想象力，在人的内心之中孕育美善事物的原型。”①

小学生的形象思维仍然占一定的优势，情感日益丰富，美感有了较快发展，他们对祖国、对家乡、对文学艺术作品产生了热爱的感情，掌握了一定的表达美的能力。他们已经有了审美、立美的需要，对于文艺作品、服饰、形象，都有了自己的爱好。这个时期正是打好审美、立美教育基础的时期。

苏霍姆林斯基指出：“美感在学龄初期儿童的生活中起着很大的作用：它对美化儿童的心灵、促进儿童身心发展、对巩固儿童的道德观点有着特殊的影响。”②

毫无疑问，一个人美感和情感的发展在很大程度上取决于儿童时期对审美能力的培养。鉴于这种情况，我们竭力使儿童易于理解和接受的大自然、周围环境、诗歌、造型艺术、音乐的美，在儿童的记忆中留下深刻的印象。③

“从学校教育的第一天起，我们就教育孩子们观看、领会、感知、理解周围世界（自然界和社会关系）的美。感知和理解美是审美教育和审美修养的基础和核心，离开这个核心，对生活中一切高尚的东西就会没有感情，失去知觉。”

7~12岁的儿童（小学阶段）开始进入所谓的审美常规阶段。他们已开始对成人的艺术世界产生兴趣，开始尝试着用成人艺术的一些惯常而简单的表达方式

---

① 刘铁芳：《走向整全的人：个体成长与教育的内在秩序》，《教育研究》2017年第5期。

② 〔苏〕苏霍姆林斯基：《育人三部曲》，人民教育出版社1998年出版，363页。

③ 肖甦主编译：《苏霍姆林斯基教育智慧格言》，人民教育出版社2014年出版，223页。

来进行创作，但所表现的内容和理解的意义，还是较孩子气的。在绘画方面，再现的（或称“现实主义”的）风格逐渐形成，学会把某些知觉图形作为现实事物的真实描摹来使用。在音乐方面，对旋律与节奏的类型、乐曲结构与风格也有了初步的自觉意识。这一阶段存在着一个危机，即内心冲动与表达手段之间的不协调，出现眼高手低的情况。[①]

《意见》指出：“义务教育阶段学校美育课程，要注重激发学生艺术兴趣，传授必备的基础知识与技能，发展艺术想象力和创新认识，帮助学生形成一两项艺术特长和爱好，培养学生健康向上的审美趣味、审美格调、审美理想。……义务教育阶段学校在开设音乐、美术课程的基础上，有条件的要增设舞蹈、戏剧、戏曲等地方课程。”

小学阶段美育重点的建议是：

（1）教师、家长要在生活中选择恰当的资源，尤其是利用文学、音乐、美术等活动来发展孩子的审美、立美的能力。

（2）教师、家长要注意培养孩子的审美想象力。在美育过程（例如，朗读、绘画和歌舞）中，善于唤起孩子丰富的想象，以培养审美的想象力。

（3）教师、家长在审美教育过程中，要帮助孩子将丰富的情感逐步引向理性的轨道，用理性来控制、调节容易变动的情感，使情感更加深沉稳定，走向情感和理性结合的审美。

个体发展早期的教育之所以强调自然教育、情感教育、审美教育，还有一个重要的原因，就是避免早期教育的理智化，以保护人的直觉能力。可以说，整个小学教育阶段都不是知识学习的关键时期，更确切地说，教育的重心都不是学知识，而是发展人的基于身体的优雅而充分的感性能力。

所谓理智化的教育，是指以规范的方式组织起来的教育形式，包括分科知识教学及相关的评价考试体系，明晰的伦理规范教育等。过早的理智化教育难免带来个人身体的规范与紧张，因此而抑制个人天性与身体直觉的发展。理智化的教育形式虽然可以一时让个体获得最初的知识学习的成功，但却不可避免地会贬损个体的自由天性，削弱基于身体本能的直觉能力，不利于今后创造力的提升。从

---

① 〔苏〕苏霍姆林斯基：《育人三部曲》，人民教育出版社1998年出版，243页。

终身发展而言，弊远大于利。①

4. 初中生的美育特点及教育重点

初中生处在半成熟、半幼稚时期，他们的抽象逻辑思维逐渐占主导地位，独立性和批判性都有所发展。对美的感受日益加深，更加注意自己的形象和服饰，对美的形式和内容的把握，比小学生鲜明和深刻得多。

《意见》指出："义务教育阶段学校美育课程，要注重激发学生艺术兴趣，传授必备的基础知识与技能，发展艺术想象力和创新认识，帮助学生形成一两项艺术特长和爱好，培养学生健康向上的审美趣味、审美格调、审美理想。……义务教育阶段学校在开设音乐、美术课程的基础上，有条件的要增设舞蹈、戏剧、戏曲等地方课程。"

"情感教育与审美教育的统一，在少年期具有特殊意义。一个崭新的思维阶段促使人用思想和情感去认识和掌握的已不仅仅是事物、事实和现象，还有观念和原则。个人对社会观念的情感—审美态度越明确，道德情感就越深刻。在少年时期，人对观念和周围世界的情感、审美评价特别鲜明，这是因为人似乎是通过观念和原则去发现并第一次看到世界。崭新的世界观、对许多新东西的发现，促使少年对观念和原则产生个人的态度；使少年表现出高尚的精神，他赞美善而憎恨恶。这是道德情感形成过程中的一个重要方面。"②

开始考虑怎样度过自己的一生，是少年期美育的重要特点。"对周围世界的美的观察和感受，是理解和体验现实生活的快乐、生活的美的最主要源泉之一，使我们产生了一种思想，即世界、大自然和美的生命是永恒的，而我只能生活在大自然指定给我的一段时间内，……重要的是要使每个人在少年期就考虑应该怎样度过自己的一生。我们应该教会人去珍惜生命，教会他去珍惜人、爱护人、保护生命。"③

"初中阶段青少年对时尚流行感兴趣，关注性别形象，普遍爱美。聚焦于审美，是满足初中阶段青少年成长追求的需要，也是审美兴趣使然。"

---

① 刘铁芳：《走向整全的人：个体成长与教育的内在秩序》，《教育研究》2017年第5期。

② 〔苏〕苏霍姆林斯基：《育人三部曲》，人民教育出版社1998年出版，558页。

③ 《苏霍姆林斯基选集（五卷本）》，教育科学出版社2001年出版，562页。

“性发育推动了性别角色追求，触发了青少年对自我形象和人格魅力的追求，初中阶段进入第一波高峰。这也是形式思维逐渐成熟的阶段。这些是培养审美情趣、培养欣赏魅力人格能力的基础。审美提升适合于青少年在当下实现自我超越，也适合于他们的终身发展。”①

13~18岁的少年（中学阶段）开始趋于社会化和成人化，审美理解力提高，有批判意识。对细节观察较细致，对艺术作品的形式、结构和媒介有了自觉意识，审美表现与理解的内容也具有社会性和历史性。同时，个性也明显地凸显出来。他们一般较喜欢模仿自己所崇拜的艺术家，也较喜爱内容和形式较为复杂的艺术品，甚至对非主流的文学艺术作品产生兴趣。对自然景观的兴趣有较大的发展，也比较注重自己的言行举止的审美规范。他们的另一个审美特点是，在日常生活及环境中，开始有意识地按自己的趣味来进行审美化创造。②

“中学生，特别是初中学生，他们的独立性和依赖性处于相互纠缠的状态，他们很容易因模仿某些作品的构成常规而阻碍了个性的真实表现。这一点在中学生的作文当中表现得很突出。例如，写内心生活，往往是从低落到高涨，从灰暗到光明……因此如何在指导青少年掌握一般的艺术构成常规的同时，发挥他们个性化的创造性，逐渐培养他们各自独特的审美构造方式，是一个值得深入探讨的课题。”③

应该指出，片面强调逻辑思维能力的发展，忽视青少年美育，忽视青少年审美态度的培养，对当前青少年的审美发展设置障碍，造成了一些青少年审美态度的衰退或不自觉。有些艺术教育课（包括文学课）教学，违背美育的教学规律，用讲解一般说理文章的方式来讲解音乐、美术或文学作品，一味地把学生的注意力引向作品之外抽象的“思想内容”，忽视了引导学生对作品本身进行直观的玩味和体验，严重影响了他们审美注意力的发展。在初二年级前后，由于逻辑思维能力的飞跃性发展，青少年审美能力有停滞甚至衰退的发展趋向。在这个阶段更应该注意审美态度的培养，以促进审美能力与逻辑思维能力的协调平衡发展。④

初中阶段美育重点建议是：

---

① 李晓文：《青少年发展研究与学校文化生态建设》，教育科学出版社2010年出版，288页。

② 杜卫：《美育论》（第二版），教育科学出版社2014年出版，274页。

③ 同上，244页。

④ 杜卫：《美育论》（第二版），教育科学出版社2014年出版，243页。

（1）教师、家长要着重培养初中生的审美的理解力和评价能力。随着初中生思维能力的提高，应该培养他们不仅感受到美的愉悦，还应该理解美的内涵和价值，学习用自己的内心体验来理解和评价美的事物，让审美能力与逻辑思维能力协调平衡发展。

（2）扩大审美视野，培养健康的审美趣味。随着初中生能力的提高，应该引导他们接触多种多样的审美对象，扩大他们的审美视野。在这个过程中通过比较、鉴别、分析、理解，形成健康的审美趣味。

（3）进一步培养初中生的审美表现力和创造力。要求初中生要高于小学生，通过各种审美活动，运用自己的思维、想象力以及对美的理解力，进一步发展自己有个性的审美、立美的表现力和创造力。

5. 高中生的美育特点及教育重点

高中生的美感，随同理智感、道德感一起有了较深地发展，产生了和稳定的认识相联系的情感体验。爱美的意识，从重外表美逐渐转向崇尚内在心灵美。他们对文学艺术作品有一定的鉴赏力，审美的追求也从狭小的范围，逐渐扩大到广阔的社会生活和自然当中。

青少年的艺术理解能力在迅速提高。青少年对艺术作品的理解，开始进入了作品的深层意蕴。由于知识的扩展和阅历的丰富，加上思维能力的发展，青少年能够较深入地领悟艺术作品当中所蕴含的社会意义、历史意义和人生意义，有时可以把它们提高到哲理水平。[①]

青少年的个体的审美趣味，呈现出鲜明的个性化倾向，这是他们个性人格逐渐形成的表现。1991年春，笔者在厦门某中学与学生座谈时，耳闻目睹了一场趣味辩论：一位男同学表示对悲怆、伤感的歌曲有强烈的兴趣，对妩媚、甜美的歌曲表示厌恶。一位女同学立即反驳，认为歌曲应该是优美的，悲伤的歌曲听得让人不快乐，没什么好的。多数同学表示不喜欢戏曲音乐，认为那是老人或大人们爱听的东西，可是有一位同学却悄悄地对老师

① 杜卫：《美育论》（第二版），教育科学出版社2014年出版，246页。

说，他最喜爱戏曲，因为戏曲是民族艺术，最有意思。[1]

青少年审美趣味的形成受教师与社会双重影响。因此，学校美育应该根据青少年审美发展的水平，适当调整教学内容，例如增加一些当代文艺作品，注意美育的思想性与娱乐性相结合，从而在适合青少年审美要求的基础上，提高他们的审美品味，培养起既高尚又真诚的审美趣味。[2]

《意见》指出："普通高中美育课程要满足学生不同艺术爱好和特长发展的需要，体现课程的多样性和可选择性，丰富学生的审美体验，开阔学生的人文视野。……普通高中在开设音乐、美术课程的基础上，要创造条件开设舞蹈、戏剧、戏曲、影视等教学模块。"

美育重点的建议是：

（1）要进一步培养高中生的审美能力、表现美的能力和创造美的能力。结合学校学科教学和校外各种形式的活动。家庭也应该创造条件，引导他们在感性直观活动中去理解美，通过表演、操作等实践活动培养创造美的能力。

（2）要注意培养他们高尚、健康的审美情感。青年初期有了新的审美追求，但是容易满足于肤浅的感官刺激。应该帮助他们选择优秀的文艺作品、优美的自然景观，体验美好、陶冶感情，不断提升自己的审美境界。

（3）学校和家庭都要进一步加强对高中生的审美观的教育。这种教育来自优美、崇高审美对象的反复欣赏，来自适当的美育理论的学习体悟，特别是来自和人生观、世界观教育的紧密结合。当然，这种结合绝不是空洞的说教，而是在丰富的实践活动中感性和理性的结合。

---

① 杜卫：《美育论》（第二版），教育科学出版社2014年出版，248页。

② 同上，2页。

后 记

刚刚完成《和中小幼教师谈美育》，出版社建议再写一本有关家庭美育的书。这本书是我们夫妻两个人写的，虽然不够深刻，但它是我们家庭生活中的实际体会。我的妻子吕艳芝，长期从事礼仪培训，在她们的团队活动中，美始终是一个重要的因素，她的经验也为本书增色不少。

在策划、写作过程中，我得到了许多朋友的热情支持，他们提出了许多具体建议，在一些微信群、QQ群里甚至还展开了热烈讨论。例如：

台湾中兴大学梁福镇教授在微信中写道：提出几点拙见以供参考。1.家庭中父母美育素养之培育。2.除了衣食住行之外，家庭中育和乐层面的美育也非常重要。3.当前孩子受电影、电视和网络游戏影响甚巨，其美育之指导不可或缺。4.家庭中的孩子亦受到周围环境之影响，小从住家环境美育之营造，大至整个国家社会环境之美化（生态环境之美）不能忽视。5.家庭中祖先、父母、尊长人格美之陶冶，必须经由美育进行，方能达到变化气质，高尚情操，培养美感心境，健全人格发展，建立席勒所谓“审美观念王国”之理想。

网络朋友千里鹅毛来信：您好！建议书名《向美而行》。清华国学院四大导师之一的王国维先生认为：“美育者一面使人之感情发达，以达完美之域；一面又为德育与智育之手段，此又教育者所不可不留意也。”美，引导人们超越自身利害的局限和有限生命的束缚；美，有助于拓宽胸襟、更新气象，构筑丰满、积极的精神世界。美育的首要职责是让人懂得如何感受美、欣赏美。

水冰等朋友提出：我觉得缺乏了科学之美、技术之美、数学之美……对于科学技术的关注缺乏了……特别在21世纪的今天，让家长学会引导孩子观察科学和科技之美，很有必要……这是我的补充，不当之处，请冉老师指正，谢谢！

骆氏教育-骆春英：冉老师好！我认真学习了三遍《和家长谈美育》写作提纲，非常好！欣赏之后，我觉得还应该有“家庭共渡难关之美”的内容。因为，家庭和社会一样不是真空，矛盾与困难如影相随，所以我们不能让孩子从小生活在没有矛盾和困难的真空中，要让孩子在家庭中直面生活，从解决矛盾与困难中学会获取美的途径措施和方法，从中获得真美的快乐。即让孩子从小明白，美不是天赐的，而是每个人必须经过努力才能发现并享用的！我的成长史就是从困苦中看到美并且追求美的。

老唐：觉得自然美的比重要大一点才好，现在父母对孩子限制太多，孩子缺乏与自然接触的机会，要多鼓励家庭到自然当中去。另外，运动之美也不可少。

张厚超：@冉乃彦 《让美育走进家庭生活》冉老可参考这个书名。

在这里，我们要特别感谢孙云晓老师。感谢孙云晓老师，在我成长过程中给予许多帮助与支持，我一直认为与人为善是他的突出特点。这一次又在百忙之中写了十分感人的序言。

山西教育出版社的潘峰和编辑部的所有朋友，都为这本书付出了辛勤的劳动，在此一并表示感谢。

家庭美育是一个重要的领域，让我们大家一起耕耘，继续努力。